論点別 昭和史

戦争への道

井上寿一

JN179784

講談社現代新書

2550

はじめに

昭和の始まり一〇の視点

〈Ⅰ 天皇〉昭和は新元号発表の誤報から始まる。西暦では一九二六年の一二月二五日午前四時前後、『東京日日新聞』（現在の『毎日新聞』）が号外を配る。そこには「元号は『光文』」と報じられていた。午前六時四五分からの枢密院（天皇の最高諮問機関）での議論は、号外の影響を受けることなく、新元号を「昭和」に決める。

即位礼は二年後の一一月一〇日に京都御所でおこなわれる。天皇の勅語のあと、田中《たなか》（義一《ぎいち》）首相が寿詞《よごと》を読み、万歳を三唱する。全国の官庁や学校などでも同時に万歳が起きる。サイレンや汽笛も鳴る。こうして新天皇のもとで昭和の新時代が幕を開けた。

〈Ⅱ 女性〉昭和の始まりは、女性が地位向上を求める運動の本格化の始まりでもあった。昭和二（一九二七）年一〇月二日、全国婦人同盟が創立される。この女性運動団体は婦人参政権（婦選）、母性保護、婦人労働者の待遇改善を目標に掲げている。

銀座にモダンガールが現われる。ローウェストにベルトをしめたワンピースの彼女たちのファッションは、ハリウッド映画の女優の模倣にみえる。アメリカにあるようなダンスホールやカフェ、映画館が彼女たちの社交場だった。

他方で「女工哀史」がつづいていた。この年の八月、長野県の製糸工場で待遇改善を求めて平均年齢一七歳に満たない女子工員がストライキに打って出る。彼女たちの戦いは敗北に終わる。この年末、工場は閉鎖される。

〈Ⅲ　メディア〉即位礼が飛躍のきっかけとなったメディアとして、新聞だけでなくラジオがある。一九二五（大正一四）年に本放送が始まったラジオは、即位礼に際して、二二日間の特別放送をおこなう。実況中継は禁止だった。天皇の声を伝えることも宮内省に拒否された。それでも国民は即位の大礼報道を歓迎した。昭和二年末のラジオの聴取契約数約三九万が翌昭和三年一一月末には約五三万二〇〇〇に急伸している。

〈Ⅳ　経済〉昭和が始まった翌年三月のことである。金融恐慌が起きる。第一次世界大戦中の戦争景気に対する戦後の反動不況が長期化する。労働者や農民の生活の困窮がつづく。このような経済危機のなかにあっても、大衆向けの家庭電気製品が発売される。松下電気器具製作所の新製品「ナショナルランプ」である。発売開始の翌年（一九二八〈昭和三〉年）には月三万個が売れる大ヒット商品になる。さらにこの頃から日本の産業の重化学工業化が始まる。

〈Ⅴ 格差〉同じ頃、東京を中心に同潤会アパートと呼ばれる鉄筋コンクリート造りの集合住宅がつぎつぎと竣工している。同潤会アパートの建設の背景にあったのは格差問題である。富裕層と貧困層の社会的な格差の拡大が社会の対立を引き起こす。新しい集合住宅はこのような対立を防ぐことが目的だった。それでも都市にはスラムがあった。日雇い労働者や露天商、行商人が一日の糧を求めて働いているような有様だった。

〈Ⅵ 政党〉昭和になってはじめて実施されたことの一つは男子・普通選挙である。一九二八（昭和三）年二月二〇日、日本史上初の男子・普選がおこなわれる。立憲政友会と立憲民政党の二大政党制が始まる。この総選挙では劣勢が予想された政権政党の政友会による選挙干渉にもかかわらず、政友会＝二一七議席は民政党＝二一六議席と一議席差で、過半数の二三三議席に及ばなかった。政権は不安定で、政争が激化していく。

〈Ⅶ 官僚〉田中内閣は一九二七（昭和二）年五月二七日に資源局を設置する。資源局は総動員体制の立案が目的だった。第一次世界大戦を経て、戦争は総力戦になる。官僚主導で総力戦体制を構築する。資源局に各官庁の官僚や陸海軍の軍事官僚が集まる。資源局の設置は、昭和における官僚主導の政治の起源だった。一九二〇年代の平和とデモクラシーの時代にもかかわらず、官僚は国内体制の変革を構想していた。

〈Ⅷ　外交〉同年翌月、田中内閣は中国・山東半島へ派兵する。清朝中国崩壊後の軍閥割拠のなかから抜け出して、蔣介石《しょうかいせき》の国民党が武力による国家の統一をめざす。国民党の軍事行動の途上、在中国の日本人（居留民）の生命・財産が脅かされる。田中内閣は居留民保護の目的で山東出兵に踏み切る。ここを起点として、中国のナショナリズムをめぐって、対立か協調か、日本外交は揺れ動くことになる。

〈Ⅸ　日米開戦〉同年一〇月三日、アメリカのモルガン商会代表ラモントが来日する。対日経済支援の銀行団を組織した功績に対して、勲二等旭日重光章が贈られる。アメリカにとって日本はアジアにおける安全・有利・確実な投資先になる。

同年三月三日にはアメリカからの「青い目の人形」歓迎会が開かれている。日本も答礼人形を贈る。

このように昭和は日米協調の時代として始まる。昭和の始まりの頃にのちの日米開戦の予兆を見出すのはむずかしい。昭和の日米関係は、戦争に訴えなければ解決できないような問題を抱えていたようにはみえなかった。

〈Ⅹ　アジア〉昭和が始まるのと同じ年の六月、植民政策学の矢内原忠雄《やないはらただお》東京帝国大学教授（一八九三〈明治二六〉年生まれの矢内原は、のちに東京大学総長を務めることになる）が雑誌『中央公論』六月号に「朝鮮統治の方針」を発表する。この論考は朝鮮人の「人格の自主独立」の尊重と参政権付与を論じている。三年後の著書『帝国主義下の台湾』でも台湾の住民に参政権がないことを批判している（成田龍一『大正デモクラシー』）。ここに示されているように、昭和の始まりの前後から、日本人はアジアの国＝日本がアジアを植民地統治することの矛盾を自覚するようになっていた。

昭和の始まりと令和の始まり

以上のように昭和時代の始まりを一〇の視点（天皇、女性、メディア、経済、格差、政党、官僚、外交、日米開戦、アジア）から略述したのには理由がある。今日の日本が直面している諸問題の歴史的な起源をさかのぼれば、昭和時代の始まりの頃にたどり着く。そう考えるからである。別の言い方をすれば、当時と今とのあいだには程度の差はあっても、類似点を認めることができる。

「昭和」の元号は天皇の詔書として国民に知らされた。「令和」の元号は元号法に基づいて政府が発表した。このような違いにもかかわらず、新しい元号が新しい時代の到来を告げることに変わりはなかった。帝国憲法（大日本帝国憲法）と日本国憲法の大きな違いもある。それでも天皇の政治的な地位の重要性は連続している。令和の時代がどうなるかを考えることは、昭和の時代がどうだったかを考えることにつながる。

昨年（二〇一八年）、医学部の不正入学試験が社会問題になった。女子受験生が差別されていることもわかった。今年の東京大学の入学式において、上野千鶴子名誉教授の祝辞は、この問題にふれながら、「社会に出れば、もっとあからさまな性差別が横行していま す。東京大学もまた、残念ながらその例のひとつです」と述べて、センセーショナルな話題を提供した。女性参政権の実現から七〇年以上、男女雇用機会均等法から三〇年以上が経過している。それでもこのような状況だとすれば、今よりもっときびしい（女性参政権が所与ではなかった）時代から学ぶべきこともありそうである。

今日のコミュニケーション手段の発達は思いがけない結果をもたらしている。ネット空間は自由な言論の空間といってよいのかもしれない。同時に警戒されているのは、国家権力による言論の自由の弾圧と情報コントロールである。功罪相半ばするＳＮＳ（ソーシャル・ネットワーキング・システム）の機能を考慮すれば、国家権力と同様に、ＳＮＳの利用者による言論の自由の弾圧の方も大きな問題だろう。この点は今のインターネットでも戦前昭和のラジオでも変わらない。戦前昭和のラジオ番組の制作は、聴取者からの投書の影響を受けていたからである。双方向性を持つコミュニケーション手段の発達がもたらす原理的な問題は、戦前昭和に歴史的な起源を持つ。

日本経済は長期停滞か否か。経済の専門家でも意見が割れている。戦前昭和においても同様である。経済の全体像は巨大でわかりにくい。株価の上昇や雇用の拡大を指標とすれば、日本経済の現状は肯定的に評価できる。実質賃金の低下や非正規雇用の拡大を指標とすれば、否定的な評価になる。現状の分析は進むべき日本経済の方向を指し示す。戦前昭和においてはどうだったのか。そこから今日への歴史的な示唆が得られるはずである。

経済の問題と並んで当時と今を比較したくなるのは、格差の問題である。戦後の「高度経済成長」による「一億総中流」の時代よりも、格差が拡大する戦前昭和の社会の方がふりかえるに値する。資本家対労働者、地主対小作農民、男性対女性、農山漁村対都市、これらの社会の各分野における格差に対して、是正が試みられながらも、結局は挫折する。学ぶべきは昭和戦後史よりも昭和戦前史である。

同様のことは政党政治にも当てはまる。戦後、長くつづいた自民党一党優位体制が崩壊したあと、諸政党の離合集散、新党の栄枯盛衰を経て、再び自民党優位の政党政治に回帰しているかのようである。他方で世論調査は、国民が政権交代の可能な政党政治を求めていることを示している。戦前昭和において七年足らずの期間ではあっても、立憲政友会と立憲民政党（憲政会）の二大政党制の時代があった。これからの政権交代可能な政党政治を考えるのであれば、戦前昭和の政党政治の歴史が役に立つ。

安倍（晋三）政権の長期化のなかで、官邸主導が強まっている。そのような見方がある。官邸が強いから官僚は「忖度」する。そうだから「森友学園」問題や「加計学園」問題が起きた。そのような指摘がある。他方でつぎのような批判もある。国会における安倍首相の答弁が質問とかみ合わないのは、官僚の答弁書を読み上げているからであって、官僚の方こそ政治を主導している。

官僚は政治に対して中立でなくてはならないはずである。しかし実際は違う。戦前昭和もそうだった。官僚が政治に関与すればどうなるか。戦前昭和の歴史が教えてくれる。

日本外交における中国の存在が大きくなっている。何に関しても日本の一〇倍ではないか、それほど中国は大国である。対する当時の中国は清朝中国崩壊後、ようやく国家統一に向かったアジアの後発国だった。それでも中国の存在は日本外交にとって大きかった。戦前昭和の外交が失敗に終わったのは、対中国外交が失敗に終わったからである。過去から学べば失敗をくりかえすことはない。

戦後の日本外交の基軸は日米同盟だった。冷戦下の日本の平和と繁栄は日米同盟があったからである。戦前昭和の日本の「平和とデモクラシー」も日米協調が前提だった。それなのに日米は戦争に至る。冷戦下の日米関係とは違って、今は先行きが不透明である。これからの日米関係はどうなるのか。戦前昭和の歴史が考える手がかりになるだろう。

近隣諸国関係、なかでも対韓国関係が緊張の度を高めている。直接の争点は「徴用工」問題と「従軍慰安婦」問題である。どちらも日本の植民地統治下の戦時中に起きたことによって、問題が複雑化している。今日の日韓外交関係の問題として考える前に、歴史をさかのぼれば、アジアの脱植民地化の問題に突き当たる。ここに「アジアの解放」を目標に掲げた日本の戦争の歴史をふりかえる意味がある。

軍部の政治化

以上のような戦前昭和と今との照応関係を踏まえて、つぎの各章別の一〇のテーマから昭和史（一九二六〜一九四五年）を再現する。

Ⅰ章　天皇――なぜ立憲君主が「聖断」を下したのか？
Ⅱ章　女性――戦争に反対したのか協力したのか？
Ⅲ章　メディア――新聞・ラジオに戦争責任はなかったのか？
Ⅳ章　経済――先進国か後進国か？
Ⅴ章　格差――誰が「贅沢は敵だ」を支持したのか？
Ⅵ章　政党――なぜ政党内閣は短命に終わったのか？
Ⅶ章　官僚――なぜ官僚が権力の中枢を占めるようになったのか？

Ⅷ章　外交――なぜ協調外交が戦争を招いたのか？
Ⅸ章　日米開戦――なぜ回避できなかったのか？
Ⅹ章　アジア――侵略か解放か？

付言すると重要な項目「軍部」が抜け落ちているようにみえる。実際のところ軍部は一〇の項目すべてにわたって横断的に関連している。昭和戦前史においてもっとも著しかったのは、軍部の政治化である。軍部の政治化は日本の各分野に大きな影響を及ぼす。軍部と天皇、政党、官僚との対抗と提携関係が戦前昭和の政治の変動をもたらす。この政治変動をとおして、日本の経済・社会、女性の地位やメディアの役割は変容を遂げる。

以上の歴史過程の再現は、「軍部」を一つの項目として扱うのでは不十分である。そこで一〇の個別テーマとの関連において、それぞれ軍部とは何だったのかを明らかにする。戦前昭和における軍部の政治的・社会的存在は大きい。そうだからこそ「軍部」は、独立の項目としてではなく、すべての項目を横断する言及の対象になっている。

昭和史の全体像

昭和史の本は実店舗の書店やネット書店にあふれている。これらの膨大な書籍群は玉石混交である。信頼できる本を探し出すのはむずかしい。著者の意図も多様で、なかには「歴史戦」を戦う「武器」の供給や陰謀史観による自己充足を目的とした本もある。

このような混沌とした状況のなかで、本書はつぎの三つの特徴を持つ構成とする。この構成によって、類書に対する独自性を出すことができるように努める。

第一は昭和二〇（一九四五）年までの昭和史の全体像を学術研究の裏づけとともに提示する。昭和史は一九五〇年代から断続的に論争がつづき現在に至る。論争の結果は昭和史像の統合よりも分裂をもたらしている。研究者といえども政治イデオロギーから無縁の中立的な立場に立ってはいない。それでも専門のトレーニング（とくに史料読解）を受けていることから、知見の共有がある。本書はこれらの研究者が共有している知見に基づいて、その範囲内で全体像を描く。別の言い方をすれば、本書は既存の昭和史像と学術研究による昭和史像とのあいだに架橋する試みである。

第二はテーマ別の構成である。類書の多くは編年体で、時系列に沿って読み進めるようになっている。対する本書はテーマ別で、異なる位置からの一〇個の照明によって、全体像を照らし出す。テーマ別に独立しているとはいっても、ひとりで書いているのだから、相互に関連している。構成がばらばらになる弊害は免れる。

第三はエピソード記述である。学術研究の裏づけといっても、研究史の整理と問題の所在の確認が紙幅の大半を占めるのであれば、信頼性は高くても読むのが辛くなる。知的権威をふりかざす偉そうな物言いの本にしたくない。どうすべきか。エピソード記述を織り交ぜることにした。「神は細部に宿る」。昭和史も同様である。全体像を描くには政治史・外交史・軍事史だけでは足りない。東北の農村の実情、銀座のレストラン、ラジオ局への投書、従軍女性作家の見た戦争、それらのエピソードが全体像を照らし出す。細部を描くことで全体像を描く。

本書は以上の三つの特徴を持つ構成によって、昭和二〇年までの昭和史の全体像を描く試みである。

〈凡例〉

引用は読みやすさを優先させた。原則として漢字は新字体・常用漢字に、かなづかいは現代かなづかいに、カタカナはひらがなに、それぞれ改めた。引用文中の〔 〕は引用者による注記であることを示す。なお引用文中に現代では差別・偏見ととられる不適切な表現があるものの、歴史資料であることを考慮して、原文のまま引用した。

目次

Ⅰ章　天皇――なぜ立憲君主が「聖断」を下したのか？

二つの昭和天皇像

一九六一（昭和三六）年四月二四日、長崎・雲仙のホテルで天皇の還暦記者会見がおこなわれている。記者「還暦をお迎えになるのですが、六十年をふりかえって、楽しかった思い出はどんなことがおありですか」。天皇「何といってもいちばん楽しく感銘が深かったのはヨーロッパの旅行です。なかでも英国でバッキンガム宮殿に三日泊ってジョージ五世陛下と親しくお会いし、イギリスの政治について直接知ることができて参考になった」。「ヨーロッパの旅行」とは、皇太子時代の一九二一（大正一〇）年三月三日から六ヵ月間の欧州歴訪を指す。この日の会見で天皇はジョージ五世を「第二の陛下」とまで呼んで讃えている。会見直後に宮内庁が削除を申し入れて、この発言は活字になっていない。これほどジョージ五世を敬慕し立憲君主の理想像と仰ぎながら、なぜ日本はその天皇の下でイギリスを含む連合国との戦争に踏み切ったのか。以下では昭和戦前史における天皇の役割を再現する。

昭和戦前史像に対する評価と同様に、昭和天皇像も二分されている。一方は「昭和聖帝」と讃える。たとえば小堀桂一郎（比較文学の研究者で保守系団体の日本会議の副会長）『昭和天皇論・続』は言う。「天皇は常に国民全体に代って、国民の苦難や不幸を一身に背負って悩まれる、苦しむ神の姿そのままであった」。同書によれば、昭和天皇には戦争の開始と遂行に責任がなかった。昭和天皇は平和主義者だった。

他方はファシズム国家＝日本の元首、「意思ある大元帥」と非難する。たとえばハーバート・ビックス（アメリカ人の歴史研究者）『昭和天皇（上）』によれば、昭和天皇は「軍事指導者」「国家の主権者」であり、戦争責任があった。それにもかかわらず、天皇と側近は「天皇が終始イギリス的な立憲君主であり、平和主義者であったという結論に導くよう、文書を巧みに作り上げた」。

皇太子時代の昭和天皇とジョージ5世
（1921年、朝日新聞社提供）

天皇は平和主義者か軍事指導者か。天皇は立憲君主か絶対君主か。昭和天皇像は二分されている。

実証主義歴史家のあいだであっても、評価は割れている。たとえば伊藤之雄『昭和天皇伝』と古川隆久『昭和天皇』である。ふたりの著者は雑誌（『中央公論』二〇一二年九月号）で論争をくりひろげている。争点を追跡する前に、共通点を確認する。両者は昭和天皇がイギリス型の立憲君主を模範としていたとの認識で一致している。

この章の冒頭で言及したように、裕仁《ひろひと》皇太子は、一九二一（大正一〇）年に渡欧する。欧州諸国歴訪のなかでもイギリスがとくに重要な意味を持つようになる。裕仁皇太子はジョージ五世の厚遇を受けただけでなく、ケンブリッジ大学の英国憲法史ジョゼフ・タナー教授の講演から強い印象を受けている。のちに天皇は一九七九（昭和五四）年八月の宮内記者会見で、この時のイギリス立憲政治の話がつねに頭にあった旨、述べている（伊藤、前掲書）。

ジョージ五世はタナー教授からウォルター・バジョットの『イギリス憲政論』をテキストにして、立憲君主のあるべき姿を学んでいる（君塚直隆『立憲君主制の現在』）。裕仁皇太子はふたりからめざすべき君主像の具体的な示唆を得る。帰国後、摂政に就任した裕仁皇太子は「君臨すれども統治せず」を理想とするようになる。その証左となるのが一九二五年三月に初めておこなわれた閣僚と議員に対する謁見だった。普通選挙法が成立した議会の終了後の謁見は、統治するのは君主ではなく政党であることを示唆していた（古川、前掲書）。

張作霖爆殺事件

模範国イギリスの立憲君主のようにふるまえるか。最初の試金石となったのが張作霖《ちょうさくりん》爆殺事件（「満州某重大事件」）である。

あらかじめ事件の概略を記す。事件は一九二八（昭和三）年六月四日、南満州鉄道線と京奉線が交差する奉天郊外の陸橋下で起きる。満州軍閥の張作霖の乗る特別列車が爆破される。「満州某重大事件」と報じた新聞は日本の現地軍の関与を示唆している。

一二月二四日、田中（義一）首相は天皇に事件を報告する。田中は上奏のなかで、日本軍人の犯行の疑いが濃く、真相の調査の結果、そうとわかれば内外に公表し、軍法会議にかけて処分する旨を述べる。

ところが翌年六月二七日の田中の上奏は違った。「犯人不明のまま責任者の行政処分のみを実施する」。前回と異なる説明に対して、天皇は田中を問責した。七月二日、田中内閣は責任をとって総辞職する。

以上の顛末に対する評価は異なっている。

伊藤之雄氏は天皇の姿勢を批判する。田中を問責することで内閣総辞職に追い込んだ天皇は、明治天皇から大正天皇へとつづいた政治不関与の慣行を破ることになっ

張作霖爆殺事件

たからである。伊藤氏は天皇自身の発言によって裏づける。戦後になって『昭和天皇独白録』のなかで、天皇は回想する。「辞表を出してはどうかと強い語気で云った」。この点に関して、天皇はつぎのようにも述懐している。「こんな云い方をしたのは、私の若気の至りであると今は考えている」。

対する古川氏は肯定する。たしかに「前代未聞」であり「非常に異例な出来事」だった。しかし田中内閣が「あまりにひどいという時に」、天皇が「ストップをかけないと、天皇の存在意義が問われかねないという状況だった」。

古川氏は事後的な回想＝二次史料にすぎない『昭和天皇独白録』を裏づけとすることに慎重である。天皇の生々しい肉声で綴られている『独白録』は臨場感がある。しかしほかの一次史料でこの日（六月二七日）の天皇の発言を確認することはできない。

内大臣牧野《まきの》伸顕《のぶあき》の日記の記述によればつぎのとおりである。天皇「夫《そ》れは前とは変わって居る」。田中「誠に恐懼致します」と二度くりかえす。言い訳をしようとする田中に対して、天皇は「其必要なし」と打ち切った。

元老西園寺《さいおんじ》公望《きんもち》の秘書原田《はらだ》熊雄《くまお》の口述日記も同様で、天皇は田中に「お前の最初に言ったことと違うじゃないか」と言っている。そのあと鈴木《すずき》貫太《かんた》郎《ろう》侍従長に向かって「田中総理の言うことはちっとも判らぬ。再びきくことは自分は厭だ」と語ったという。

天皇が田中の食言を問責したのはまちがいない。しかし辞表の提出を要求したかはわからない。政治不関与の慣行を熟知しながら、そうだからといって何もせずにはいられなかった天皇の苦悩は、この日の『昭和天皇実録』が活写している。「この日は午後二時よりゴルフの御予定のところ、御心労のため椅子に凭《もた》れたまま居眠りをされ、その機を逸せられる」。

真相は闇のなかへ

「君臨すれども統治せず」、政治不関与の立憲君主国イギリスでも状況は流動的だった。一九二四年一月、ジョージ五世は、君主制に否定的な労働党のラムゼイ・マクドナルドに大命を降下した。イギリスはヴィクトリア女王が忌避した「民主的君主制」を現実のものにしようとしていた（君塚、前掲書）。政権交代は選挙の結果で決まる。この慣行に反して、議会の多数派による労働党内閣の選択よりも前に、国王が後継内閣を決める。しかも君主制に否定的な労働党の党首を首相にする。「君臨すれども統治せず」の模範国イギリスの国王が政治に関与（「統治」）している。それならば天皇も従来の慣行を破るのはかまわなくなっていたはずである。

問題は破り方だった。立憲君主の立場からの逸脱を最小限に抑える目的で、天皇は田中の食言を咎めるだけに止めた。問責から総辞職までに六日間を費やしている。天皇が辞めさせたのではなく、田中の判断による引責辞任の形式をとったと言えなくもない。ほんとうはどうだったのか。田中の辞任と引き換えに真相は闇のなかに葬られた。

これほどまでに重い政治関与の責任を天皇ひとりに負わせるのは過酷にすぎた。元老と内大臣（天皇の側近として政治的影響力を持つ）が一致して天皇を支え、田中内閣の退陣から真相究明に至るシナリオを書かなければならなかった。しかし元老と内大臣は足並みがそろわず、具体的なシナリオもなかった。内大臣牧野は天皇の問責による田中内閣の倒閣を決意した。対する元老西園寺は問責には先例がないことを理由に田中の自主的な辞任を求めた（伊藤、前掲書）。結局のところ天皇ひとりが重い責任を負うことになった。

後継の民政党内閣も張作霖爆殺事件の真相究明に不熱心だった。天皇の政治介入にもかかわらず、陸軍は組織利益を守りとおすことができた。第一回男子普選後の最初の政党内閣が政党政治に反する意思決定をおこなったことは、立憲君主の下での政党政治の発展に暗い影を落とすことになった。

二・二六事件

つぎに天皇の政治関与が問題になるのは一九三六（昭和一一）年の二・二六事件の時で

ある。二・二六事件は五年後の対米開戦と関連づけられて論点を形成している。

たとえばさきの伊藤＝古川論争においても、両者の評価は異なる。伊藤氏によれば、二・二六事件は天皇にクーデタの恐怖心を植えつけ、このことが対米開戦を止められなかったことに直接つながっていると論じる。対する古川氏によれば、二・二六事件と対米開戦は一直線でつながっているのではない。天皇にとって二・二六事件は対米開戦にどのような影響を及ぼしたのか、あるいは及ぼさなかったのだろうか。

2・26事件

議論に先立って二・二六事件の概要を記す。この軍事クーデタ事件の直接の原因は陸軍派閥対立である。第一次世界大戦を経て総力戦に備える高度国防国家の建設を目標とする統制派が形成される。対する皇道派は対ソ戦早期開戦論だった。両者の対立は軍事戦略をめぐる政策対立だけでなく、人事対立でもあり、複雑でわかりにくい。池田純久《いけだすみひさ》や東条英機《とうじょうひでき》らの統制派と荒木貞夫《あらきさだお》や真崎甚三郎《まさきじんざぶろう》らの皇道派との派閥抗争は統制派の優位に傾く。皇道派は起死回生をめざしてクーデタの挙に出る。政治的に追い詰められていた彼らは、「弱者の武器」としてのクーデタに訴えるほかなくなっていた（筒井清忠『昭和期日本の構造』）。軍隊による直接行動はどこまで政治を揺るがすことができるか。勝敗はそこにあった。

一九三六（昭和一一）年二月二六日早朝、皇道派の青年将校たちが兵を率いて決起する。反乱軍は帝都東京の政治・軍事の中心地（霞ヶ関・永田町・三宅坂）を占拠する。他方で岡田《おかだ》（啓介《けいすけ》）内閣の蔵相高橋是清《たかはしこれきよ》と内大臣斎藤実《さいとうまこと》、陸軍の渡辺錠太郎《わたなべじょうたろう》教育総監を暗殺する。岡田首相と牧野伸顕前内大臣、鈴木貫太郎侍従長は襲撃されたものの、暗殺は免れた。反乱軍は皇道派のトップ真崎甚三郎を首班とする暫定政権の樹立をめざす。

事件当日の朝七時すぎに本庄繁《ほんじょうしげる》侍従武官長から報告を受けた時の天皇は、「御深憂の御様子」で、「事件の早期終息を以て禍を転じて福となすべき旨」を命じた。

天皇は信頼する老臣を失った。参謀総長の閑院宮載仁《かんいんのみやことひと》親王は病気療養中だった。海軍軍令部総長の伏見宮博恭《ふしみのみやひろやす》王は皇道派に同情的で、この日の午前一〇時一五分に御学問所において天皇に「後継内閣の組織及び戒厳令の回避を要望」している（『昭和天皇実録』第七巻）。午前一一時一三分に奏上した川島《かわしま》（義之《よしゆき》）陸相は皇道派だった。この日、一四回に及ぶ拝謁によって逐一状況を報告していた本庄（繁）侍従武官長も皇道派で、さらに本庄の女婿の山口一太郎《やまぐちいちたろう》大尉が反乱軍の行動を手引きした。天皇は孤立無援だった。クーデタは成功しかける。

それでも鎮圧の意志は固かった。「朕自ら近衛師団を率いて現地に臨まん」。二七日も二八日も天皇は「御自ら暴徒鎮定に当たる御意志」を示す(同書)。二八日、第一師団長堀丈夫《ほりたけお》が「部下の兵を以て部下の兵を討ち難いと発言している旨の言上」を受けた天皇は、「自らの責任を解さないものとして厳責され、直ちに鎮定すべく厳達するよう」命じる(同書)。

戒厳令下、形勢は逆転する。青年将校たちが期待した川島や本庄は逃げ腰となる。天皇に直接、皇道派による暫定内閣案を言上することができなくなる。真崎らもクーデタの失敗を見越して、保身を図るようになる(筒井、前掲書)。

二九日、攻撃開始の命令が下される。戦車や飛行機などによる兵士説得のビラが撒かれる。気球や拡声器、ラジオ放送が帰順を勧告する。反乱軍の兵士はつぎつぎと帰順していく。二・二六事件は兵火を交えることなく、三日で鎮圧される。天皇の強い意志によって、クーデタは失敗に終わる。

禍は転じて別の禍に

鎮圧に三日もかかったのか、それとも三日で済んだのか、どちらの価値判断に立つかで二・二六事件をめぐる天皇の政治関与への評価も変わる。ここでは後者をとる。

クーデタは鎮圧されるべきだった。一九三五年から翌年にかけて、日本経済は世界恐慌から脱却して、好景気を享受していた。二・二六事件の直前の二月二〇日の衆議院総選挙において、民政党が第一党に返り咲いた。無産政党（社会大衆党）は五議席から一八議席へと躍進した。国民は民政党を中心としながら社会大衆党とも連携する連立内閣によって、政党内閣の復活を求めていた。

このような国内の政治経済状況のなかでクーデタが成功すれば、それは危機の再来だった。

ところが国民の期待とは裏腹に、政党政治は機能不全に陥っていた。天皇の強固な意志がなければ、クーデタを鎮圧することはできなかった。兵火を交えることなく三日で済んだ。天皇の政治関与は肯定的に評価されるべきだろう。

しかし「禍を転じて福となす」ことはできなかった。天皇は陸軍の責任を追及する。三月四日に天皇が示した陸軍への勅語案には「最も信頼せる、股《こ》肱《こう》たる重臣及大将を殺害し、自分を、真綿にて首を絞むるが如く、苦悩せしむるもの」との心情を吐露する一節がある。そのあとに「憲法に違い」「国体を汚し、其明徴を傷つくる」と非難し、粛軍を要求するきわめて強い調子の文言が連ねられている。

対する確定した文案にはこれらの文言が削除されている。本庄武官長が反対したからである。この勅語をどのようにして全軍に伝達するのか。天皇は本庄に核心を突く質問をした。陸軍はサボタージュする。勅語の伝達は文書が配付されることもなく、高級司令官止まりだった。

首謀者のうち一七人は死刑、北一輝《きたいっき》と西田税《にしだみつぎ》も死刑に処せられた。無期禁固五人、一五人の下士官は有期刑だった。ところが軍事政権の首班となるはずだった皇道派のトップ真崎甚三郎は、反乱幇助の容疑で軍法会議にかけられたものの、無罪となった。肝心の人物が無罪では示しがつかなかった。

さらに鎮圧され失敗に終わったにもかかわらず、目的は達せられたと考える者がいた。二・二六事件に連座した末松太平《すえまつたへい》陸軍大尉によれば、「もともと政権奪取の野望」はなかった。首謀者は罪を謝して自決すればよい。「これを契機に間をおかず、徹底維新に努力しなければならない」。末松は決意した。

禍は転じて別の禍となった。二・二六事件後、立憲君主国を支える政党内閣が復活しない限り、福となすことはできなかった。結局のところ、皇道派の代わりに統制派の政治介入が強くなっていく。

対米開戦決定への影響

以上のような二・二六事件をめぐる政治関与の記憶が対米開戦決定にどのような影響を及ぼしたのか。

天皇が対米開戦回避の立場だったことは疑問の余地がない。天皇が開戦論者と目される東条英機陸軍中将に組閣を命じたのは、「虎穴に入らずんば虎児を得ず」、東条に開戦論を抑制させるねらいからである。一九四一（昭和一六）年一〇月一七日、東条は天皇の意志が国策の白紙還元にあることを知る。翌一八日、東条が捧呈した閣僚名簿には首相は陸相だけでなく、内務大臣も兼任となっていた。天皇は首相の内相兼任の理由を質す。東条は「治安維持のため」と答える（『昭和天皇実録』第八巻）。

東条は秘書官に語る。「お上より日米交渉を白紙にもどしてやり直すこと、成るべく戦争にならぬ様に考慮すること等、仰せ出され、必謹之が実行に当り此の儘《まま》戦争をせず米国の申し出に屈した場合には、二・二六事件以上の暴動も起るやも知れず、その際には断乎涙をふるって之を弾圧する必要あり」。

以上から五年前の二・二六事件の記憶が天皇と東条の判断に影響を及ぼしたのは明らかだろう。開戦回避によって起きるかもしれないクーデタをおそれて、開戦を容認したのではなかった。首相が陸相と内相を兼任することで、クーデタの可能性を抑制しつつ、外交交渉による解決の可能性に賭ける。天皇が東条に期待したのはこのことだった。

東条内閣は一一月五日の御前会議（天皇が出席する主要閣僚の会議）決定に基づいて、外交交渉を継続しながら、戦争の準備をする。一二月一日午前零時までに外交交渉がまとまらなければ、一二月初旬に武力発動と決まる。一一月二六日のハル・ノートに接した日本側は、外交交渉をあきらめる。一二月八日、日本軍は真珠湾を奇襲する。

対米開戦は対英開戦でもあった。立憲君主国の模範イギリスと戦争することになった天皇の心情を知る手がかりは乏しい。天皇の心情は東条が秘書官に語ったつぎの一節から間接的に知ることができる。「お上に〔開戦の〕御許しを願ったが仲々お許しがなく、漸く已むを得ないと仰せられた時、ほんとにお上は真から平和を愛し大事にしておられることを知った。殊に日英同盟のこと、お上が英国で特に其皇室と親交を結び滞英中色々と世話になられたことなどをお話された時、戦争をしなければならぬ様にしむけた米国がにくらしくなった」。

ところが真珠湾攻撃よりも一時間以上前に、陸軍はイギリス領マラヤのコタバル（マレー半島東岸）でイギリスとの戦闘を始めている。このことを想起すれば、対英戦争の方をさきに始めた東条の陸軍こそ天皇の親英感情に背いたことになる。

「聖断」

天皇の最後の政治関与は、戦争終結の決定＝「聖断」である。「聖断」は開戦決定との関連において論じられている。「聖断」によって戦争を終結できたのならば、なぜ「聖断」によって開戦を回避できなかったのか（升味準之輔『昭和天皇とその時代』）。あるいは「聖断」によって戦争を終結できたのならば、なぜもっと早く「聖断」を下して戦争を終結しなかったのか（筒井清忠編『昭和史講義』）。以下では「聖断」をめぐるこれらの問題を考える。

真珠湾奇襲攻撃の成功後、早くも約六ヵ月後の一九四二（昭和一七）年六月のミッドウェー海戦の敗北によって、戦況は逆転する。天皇は直ちに戦争終結を決意したのではない。天皇が「一撃講和論」（どこかで一度、敵国に大打撃を与えて優位な立場に立ちながら講和に持ち込む戦争終結論）の立場だったことはよく知られている。しかし「一撃」のチャンスは訪れない。決戦の「天王山」がつぎつぎと移動する。「天王山」は本土決戦となる。

天皇が敗戦を必至と覚悟するようになったのは、本土決戦に敗けると判断した一九四五（昭和二〇）年六月のことのようである（筒井編『昭和史講義』）。この頃、天皇は沖縄玉砕と大本営の松代（長野県）への移動計画を知る。

翌月の七月二六日、米英中の三ヵ国が対日降伏勧告＝ポツダム宣言を発表する。日本政府は中立国ソ連に申し入れた和平仲介への回答を待っていた。天皇も同様だった。しかし回答の代わりに、広島への原爆投下後の八月九日未明、ソ連は対日参戦する。この日、二つ目の原爆が長崎に投下される。

二つの原爆投下とソ連参戦は日本政府をポツダム宣言受諾に向かわせる。受諾の条件をめぐって政府内の意見は対立する。外相を中心とする一条件（「国体護持」）対陸相を中心とする四条件（「国体護持」、自主的武装解除、本土進駐の回避、日本による戦犯処罰）の対立である。帝国憲法下では閣議の意思決定は全会一致以外に方法がない。

この時の意見の分布状況は、一条件六名、四条件三名、その他（条件は少なくする意見）三名だった。大勢は一条件ということになる。鈴木（貫太郎）首相は、多数意見と天皇の意見との一致を前提に「聖断」を仰ぐ。八月一〇日午前二時三〇分、「聖断」が下る。天皇の意志は一条件での受諾だった。ここに日本政府はポツダム宣言の一条件つき受諾を発表する。

一二日に接したアメリカからの回答文は「国体護持」を受け入れたのか否か、あいまいだった。翌日の閣議で対立が再燃する。ここでふたたび「聖断」が下される。八月一四日、日本政府は連合国にポツダム宣言受諾を申し入れた。

帝国憲法と天皇

以上の戦争終結の決定過程は、最初の問いに対して、つぎのように答えることを可能にする。開戦決定は天皇の意向を踏まえて、東条が主導した和戦両論併記の閣議決定の結果だった。閣議決定を無視して開戦回避を決定するのは独裁者でなければできなかった。天皇は独裁者ではなく、立憲君主としてふるまった。

つぎになぜもっと早く「聖断」を下して戦争を終結しなかったのか。「一撃講和」論の天皇に「一撃」の好機は訪れなかった。一九四五（昭和二〇）年六月には敗戦を覚悟する。しかし戦争の相手国との直接和平の手がかりは得られなかった。翌七月のポツダム宣言によって、日本はようやく戦争終結に向かう。それでも降伏条件をめぐって閣内が対立する。閣内の大勢が一条件受諾に傾いた時、「聖断」が下る。それでも戦争は終わらない。再度「聖断」が下る。ここにまで至らなければ、天皇の意志は国家の意思にならなかった。

帝国憲法は天皇大権を定めながら、天皇に責任が及ぶのを回避する観点から天皇親政を否定する。天皇大権の直接行使ではなく、天皇大権は国家機関に委任する形式をとっている。各国家機関は対等であり、権力のチェックアンドバランス（抑制と均衡）が機能する。対等な大権を委任された国家機関が対立すれば、大権は相打ちとなる。意思決定ができない。帝国憲法制定後しばらくは、藩閥政府が国家意思の決定を代行した。時を経れば藩閥政府は失われる運命だった。代わりに政党政治が台頭する。

ところが政党内閣は一九三二（昭和七）年に崩壊する。復活することはなかった。イギリスと同様に、日本も立憲君主を支えるのは政党内閣だった。政党内閣の支えを失った天皇は、「天皇親政」に近い意思決定をせざるを得なくなった。「聖断」は立憲君主の立場から大きく逸脱する決定だった。帝国憲法の下での国内体制は、軍事的にだけでなく、政治的・社会的にも崩壊寸前に追い込まれていた。八月一四日、ポツダム宣言の受諾発表によって、帝国日本は敗北する。

元首から象徴へ

敗戦後、天皇を中心とする国家体制の存続は不確かだった。連合国のなかにはソ連や英連邦諸国などがそのような国家体制に対する批判的な姿勢を示していたからである。

国民は存続を求めていた。しかし国民が求めていたのは、戦前の帝国憲法下の立憲君主国そのものではなく、戦後の日本にふさわしい立憲君主国の天皇だった。

敗戦直後の混乱のなかで、社会秩序は崩壊しモラルも地に堕ちていた。アメリカを中心とする占領当局は、間接統治による円滑な占領政策の実施の観点から、天皇の政治利用を考えるようになる。占領当局は戦争放棄と象徴天皇制を定めた新憲法によって、連合国内の批判を躱《かわ》す。戦争を放棄した日本であれば、天皇制が存続しても戦前に回帰するはずはなかったからである。

他方で一九四六（昭和二一）年の元日、のちに「人間宣言」と呼ばれるようになる「新日本建設に関する詔書」が発布される。冒頭で「五箇条の御誓文」に言及していることからわかるように、この詔書は戦前との連続において戦後の天皇制の再興をめざしていた。別の言い方をすれば、「人間宣言」の目的は、天皇の神格化の否定というよりも、戦前から続く天皇制と戦後の民主主義を結びつけることだった。

さらに二月一九日から天皇の全国巡幸が始まる。巡幸は「人間宣言」に基づく新しい天皇像を国民に対して具体的に示す効果的な方法だった。天皇と国民の距離が縮まる。天皇は全国各地で国民の大歓迎を受ける。ここに戦後日本の象徴天皇制が確立した。

Ⅱ章　女性――戦争に反対したのか協力したのか？

NHK連続ドラマ「おしん」の三重苦

私たちが抱いている戦前昭和の女性像の形成にもっとも強い影響力があったのは、NHKの連続ドラマ「おしん」（一九八三〈昭和五八〉年四月〜翌年三月）ではないか。逆境に負けず戦前戦後を生き抜いた女の一代記は、平均視聴率五二・六パーセント、最高視聴率六二・九パーセントで、くりかえし再放送され、世界の六八の国と地域でも放送された。これほどの影響力を持ったテレビドラマはないだろう。

戦前昭和の女性像としてのおしんは三つの特徴がある。

第一は貧困である。おしんが最上川を筏《いかだ》で奉公先に向かう。ドラマの設定上、このシーンは明治末年前後の頃のことだろう。しかし「おしん」の脚本を手がけた橋田《はしだ》壽賀子《すがこ》氏の回想（「私の履歴書」『日本経済新聞』）によれば、戦前昭和の光景だったことがわかる。敗戦直後、橋田氏は山形県に身を寄せる。そこでつぎのような話を耳にする。「この辺りでは、ついこの間まで小作人の娘は小学校を出るか出ないかの年になると、米1俵と引き換えに奉公に出たものだ。雇い主からもらう船賃は親にやり、うちの商品の材木で組んだ筏に乗って奉公先まで最上川を下って行ったんだね。普段口に入るのは大根飯ばかり。それは貧しかったよ」。

この話が活かされたドラマのシーンの反響は大きかった。父親役を演じた伊東四朗《いとうしろう》の自宅に「米1俵で娘を売ったひどい親」ということで、石が投げ込まれたという。大根飯で食いつなぐ貧困にあえぎながらも健気に生きるおしんの姿は、視聴者の涙を誘った。

このシーンのもとになった話を聞いた時の橋田氏の気持ちに注目する。橋田氏は言う。「おんば〔乳母〕日傘で苦労もなく育った20歳の私は、ただ胸を突かれた」。「おんば日傘」（過保護）で育てられた橋田氏は、敗戦の直前に日本女子大学に進学している。戦前昭和の女性は、下流階層の人もいれば上流階層の人もいた。都会暮らしの橋田氏は、農村対都市の女性の不平等が気づきにくかった。

第二は家制度である。おしんは夫の佐賀県の実家で凄絶な「嫁いびり」を受ける。橋田氏の回想によれば、地元の女性たちから「佐賀の女はあんなにひどくない」と訴える声が上がり、当時の副知事を先頭に「県のイメージダウンにつながる」とNHKに抗議した。家父長的な家制度、男尊女卑、女性の劣悪な地位、ドラマの「おしん」は女性を取り巻くこのような社会環境を描いている。そこにいるのは犠牲者としての女性である。

家制度の拘束を受けていたのは橋田氏自身もそうだった。大阪から東京の大学へ出ようとしたのは、「親が決めた人のところにお嫁に行くなんてまっぴらご免だった」からである。それでも山形で聞いた話よりはましだった。「農家では長男が家を継ぎ、次三男はよそに働きに出た。まして娘たちは口減らしのために幼いころから奉公に行くのが当たり前だった。赤ん坊を背負って子守をしながら学校に通う姿も珍しくなかった」。このような話を聞いた橋田氏は、「私が知らないもう一つの日本の歴史がそこにある」と思った。戦前昭和の女性といっても、実際は社会階層によって大きく異なっていた。戦前昭和の女性を家制度の犠牲者と十把一絡げにすることはできない。

第三は戦争である。吹雪のなか凍死しかけるおしんを救ったのは俊作だった。俊作はおしんに与謝野晶子《よさのあきこ》の「君死にたまふことなかれ」を朗読して反戦を教える。俊作は脱走兵だった。満州事変に際しても、おしんは戦争に反対している。子どもを戦争で死なせてはならない。母性＝反戦の主張が鮮明である。

橋田氏は「政府や軍部や大人を疑うことを知らない軍国少女」だったと自認する。一九三七（昭和一二）年一二月の南京陥落の際には大阪の堺で戦勝の提灯行列に加わっている。真珠湾攻撃の日は、定期試験を受けるのが厭で仮病をつかってサボっていた。「そんな大事な日に学校に行かなかった私は、日本人として、してはならないことをした。これからはもっと戦争に協力しなくては」と「軍国少女」に拍車がかかった。一二から一六歳前後の少女が「軍国少女」だったとしても、非難することはできないだろう。

ドラマでは女性は戦争の犠牲者で反戦の立場をとっている。橋田氏は記す。「おしんは俊作から学んだ反戦の思いを終生持ち続ける」。

どちらが正しいかの問題ではない。戦前昭和の女性像は、「軍国少女」と戦争の犠牲者とのギャップを埋めることで明らかになる。

以下では「おしん」に具現化される戦前昭和の既存の女性像（貧困・家制度・戦争の三重苦に喘ぐ女性像）の再検討をとおして、女性の社会進出の歴史をたどることにする。

三越のショップガールの受験（1931年、朝日新聞社提供）

「職業婦人」の社会進出

昭和が始まる。女性の地位向上のチャンスが訪れる。一九二八（昭和三）年二月二〇日に日本史上はじめて男子普通選挙による衆議院議員選挙が実施されることになる。つぎは婦人参政権である。婦選（婦人参政権、女性公民権）運動を展開する女性団体は、総選挙に際してつぎのようなビラを配布している。「貴き一票！　正しく用いて棄てないように／女の人も、手伝いましょう正しい選挙の行われるよう」。婦選運動の女性団体は政党と候補者に婦選を綱領に入れることを要望する一方で、男性の有権者には棄権防止、女性には選挙の監視を呼びかけた（進藤久美子『市川房枝と「大東亜戦争」』）。

このような変動の背景にあったのは、「モダンガール」よりも「職業婦人」の台頭だった。洋装のモダンガールは少なかった。男子普選と同じ年の一一月、銀座・三越正面での調査では、洋装は一六パーセントにすぎなかった。八四パーセントの多数は和装だった。社会風俗としての先端的な洋装に身を包む女性の数は限られていた。

対する「職業婦人」は広範な社会進出を遂げようとしていた。一九三一年の東京市の「職業婦人」実態調査報告書のなかで、永田《ながた》秀次郎《ひでじろう》東京市長は、つぎのようにほとんど手放しで「職業婦人」の社会進出を歓迎している。「経済的自由を叫び、婦人公民権の獲得を要求する昭和女性は今や封建社会の旧殻を完全に脱し、数世紀に亘《わた》る伝統の絆を断ち截《き》って明るく朗らかな生活意識に目覚めたのである」。

「職業婦人」の社会進出を促したのは貧困だった。一九二九（昭和四）年から三一（昭和六）年までの三年間で、株価約三割、卸売物価も三割以上の下落、農家の所得は半減へと急落している。青森県では一九三一年の一年間に二四二〇人の農家の子女が身売りされている（中村隆英『昭和史　I』）。昭和恐慌下、家計の足しになるように、やむをえず仕事に就く。このような現実があった。

「職業婦人」の台頭を背景に、男子普選が婦人参政権を促す。このことに期待した女性のひとりが婦人運動家の市川房枝《いちかわふさえ》だった。一八九三年生まれの市川は、一九二一年に渡米、帰国後、普選運動の女性団体を結成する。一九二七年末にはＩＬＯ（国際労働機関）東京支局の高給の職を辞職して、運動に専念するようになる。市川に関する大部の伝記研究（進藤、前掲書）によると、市川が所属する婦選獲得同盟は、この総選挙に際して、婦選支持の候補であれば、どの政党かを問わず支持する選挙応援戦略を展開する。

婦選獲得同盟と各派代議士（1929年、朝日新聞社提供）

しかしこの戦略は婦人運動の分裂を招く。婦選支持の候補であればどの政党でもいいのではなく、無産政党でなければならないとの批判が起きたからである。批判を受けた市川は、政党を競わせる方向に戦術の転換を図る。

市川の戦術は功を奏するかにみえた。一九三一年二月、民政党内閣は衆議院に婦人公民権案を提出する。野党の政友会は批判する。なぜならば政府の提案は市町村レベルでの婦人公民権の付与に止まるものだったからである。政友会は府県会議員レベルへの拡大を要求する。市川の思惑どおり、二大政党は潜在的な有権者の女性の支持をめぐって、政策競争を展開していく。

満州事変と女性参政権

民政党内閣の婦人公民権案の提出から半年ほどして満州事変が勃発する。テレビドラマの「おしん」では、事変を報じる新聞記事をめぐって、戦争はいけないことだとおしんに言わせている。このシーンは間接的に裏づけとなる事実がある。裏づけとなる事実とは、市川房枝らの婦人解放運動家が満州事変に反対していることを指す。さきの市川の評伝研究によれば、市川は満州事変の不拡大と日中両国の婦人の連携を強調している。

同書は市川の限界として、「満蒙特殊権益」を不問に付していること、また中国ナショナリズムへの理解が乏しいことを指摘する。「満蒙（中国東北部と東部内蒙古）特殊権益」とは日露戦争の勝利の結果、日本が手にした帝国主義的な権益のことであり、中国は承認していなかった。一九二〇年代末になると、中国のナショナリズムは、清朝崩壊後の分裂状況から脱却して、国家を統一に向かわせる原動力になっていた。帝国主義的な権益を不問に付したことや中国の国家統一への関心が乏しかったことは、たしかに市川の限界であるにはちがいない。しかし民政党内閣の満州事変不拡大路線と類似していると解釈すれば、市川の言説は現実主義に基づく満州事変批判と評価することも可能である。

ところが民政党内閣の不拡大路線は破綻する。満州事変の拡大は政府に婦選問題を棚上げさせる。政府も議会も婦選問題どころではなくなったからである。それでも市川は後継の犬養《いぬかい》（毅《つよし》）政友会内閣に期待する。犬養は婦選賛成論者だった。第五七帝国議会（一九二九から三〇年）において政友会総裁犬養の主導の下で、政友会は党議によって全員が女性公民権の賛成者になった（進藤、前掲書）。市川たちは一九三二年一月二九日、犬養を総理官邸に訪問して、婦選法案上程を要望する。犬養は「出来るだけご希望に添うよう党と相談」する旨、答えている（進藤、前掲書）。

しかし期待は裏切られる。政友会は満州事変が起きる前ならば、婦選に積極的だった。ところが満州事変下において政権に就くと、政友会内閣は婦選関連法案の議会提出すらしなくなったからである。

地方政治レベルではあっても、女性の参政権の実現があと一歩のところまで近づいていながら、チャンスは満州事変の勃発によって潰え去った。

その後、満州事変の拡大は、一九三三年五月末の日中停戦協定の成立によって、大きな区切りがつく。政府の経済危機対策も効果を上げる。一九三〇年代の「非常時」下でありながら、「小康」状態が訪れる。「非常時小康」の一九三五年に大阪毎日新聞・東京日日新聞が大判のグラフ雑誌『ホーム・ライフ』を創刊する。映画、ファッション、グルメ、趣味、結婚を話題とする『ホーム・ライフ』は、今日の『家庭画報』や『ヴァンサンカン』の歴史的起源と呼ぶべき上流階層向けの雑誌だった。婦選運動は、『ホーム・ライフ』の読者のような上流階層の女性を巻き込まなければならなかった。

この頃(一九三四年)女性の社会階層間の断絶を暗示するようなジョークがあった。交通事故が起きる。巡査が重傷の婦人に尋ねる。「自動車の番号を覚えていますか?」轢かれた婦人「いいえ、でもあの車に乗っていた女は、洋装で、首にイミテーションの真珠をつけていましたワ」(早坂隆『日本の戦時下ジョーク集/満州事変・日中戦争篇』)。洋装で自動車に乗る女性とおそらくは和装で自動車に乗る機会もない女性が婦選をめざして団結しなければならなかった。

女性の戦争協力

満州事変にともなう女性の地位向上運動の停滞は、一九三七(昭和一二)年七月七日の盧溝橋事件の勃発と日中戦争の長期化によって、解消されていく。テレビドラマの「おしん」が喚起する戦争の犠牲者、戦争に強制的に駆り出された女性のイメージとは異なって、日中戦争下の女性は戦争に積極的に協力していた。戦時中の運動がもっとも活発だった。戦時中の共同炊事や生活改善運動は楽しかった。農村では半日、家事労働から解放されて、講演会に参加できるだけでも「婦人解放」だった。

戦時下の女性の積極的な戦争協力を主題とする研究は、先鋭的な論争を巻き起こしながら、詳細な事実関係を明らかにしていて、余すところがない。すでに一九八九年の段階で、つぎのことがわかっていた（永原和子「女性はなぜ戦争に協力したか」『日本近代史の虚像と実像 3』）。

一九三八年に母子保護法が施行される。この法律の趣旨が戦争遂行上の人的資源の確保にあったことは明確だった。保健婦の養成、巡回訪問制度は、事実として乳幼児死亡率の低下の契機となった。

国民総動員による総力戦を戦い抜くには女性の動員が不可欠だった。軍需生産や食糧増産に女性を動員するには、生活の共同化・社会化が求められた。共同炊事場や共同託児所の数が増える。女性は台所（家事労働）から解放される。出征兵士たちの男の職場に女性が進出する。教育の男女平等も課題となる。義務教育の延長、大学令による女子大学の創設、男女共学、高等女学校の中学化などが議論される。

以上のような女性の戦争協力をめぐって、一方の側は戦争の加害者としての女性の責任を告発する。他方はこのような「告発」史観を「後知恵」と批判する。「告発」史観を批判する側も女性の戦争協力を擁護する意図はない。この立場は国家・国境を越える女性の連帯がなかったことを運動の限界として指摘している。

どちらの立場も市川たち運動家の戦争協力を批判する。たしかに市川は国民精神総動員運動の調査委員会委員を歴任して、政府に協力している。国民精神総動員運動とは、日中戦争にともなって、近衛《このえ》（文麿《ふみまろ》）内閣が始めた官製国民運動のことを指す。この運動の目的が国民の戦争動員だった以上、市川の責任は免れないのかもしれない。

しかしたとえば市川が厚生省次官を委員長とする政府の「服装改善」委員会に参加したことの意図に対しては、別の解釈をするべきだろう。この委員会では「男と共に活動しても見劣りせぬ女の着物を考案」することになった。その結果、推奨されるようになったのが農村の婦人の作業服だったモンペである。モンペは戦時服としての機能の有用性が再評価された。他方で中流以上の社会階層の女性の華美な服装が批判の的になった。モンペを標準服化することは、服装をめぐる女性の社会階層間の平等化の意図があった。市川がこの委員会に参加したのも女性の社会階層間の平等化への関心からだったと推測できる。

女性は社会階層のちがいを越えて団結しなければならなかった。千人針もそうだった。千人針とは出征兵士におくられた弾除けのお守りのことである。街頭で一〇〇〇人の女性たちが白木綿の腹巻に赤糸で一針ずつ縫う。社寺の守札や五銭（五銭＝四銭〈死線〉を越えるの意味）銅貨を縫いつける。当時の宣伝映画は言う。千人針によって「出征軍人を激励し戦勝を祈願する銃後夫人の心の結束は鉄よりも固いのであります」。

この千人針に関して、橋田壽賀子氏の回想は微苦笑を誘うエピソードを記している。制服がモンペに変わった高等女学校の生徒の橋田氏も堺の駅前に立って、千人針を縫ってもらおうとした。「縫ってくれるのは女性ばかりなのだが、不思議なことに美人のところに人が集まった」。千人針で「銃後夫人の心の結束」が「鉄よりも固」くなったかは怪しかった。

市川はナショナリズムに囚われて、国家・国境を越えられなかったとの批判に対しては、さきの評伝研究が異論を唱えている。

市川は一九四〇年二月から四月にかけて大陸中国を旅行する。帰国後、市川は東京女子大学で「秘密裏」に講演をおこなう。市川はそこで「日本軍が中国の女性と子どもに働いた暴行と虐殺の数々を学生に話して聞かせた」。

また中国に向かうに先立って、旅行の目的の一つに「新秩序建設のためには政治家や、商人や、或は男の人達だけではだめで、どうしても日支の婦人達が手を握る事が必要である」と述べた。ところが実際には現地で市川ら一行が中国人女性と面会することはむずかしかった。それでもかろうじて面会の機会が設けられた。傀儡政権＝汪兆銘《おうちょうめい》政権を作った日本の諜報機関を介してのことだった。「日支の婦人達が手を握る」可能性は乏しかった。

林芙美子『北岸部隊』

日中の女性の相互関係をめぐる意図と結果のギャップは、市川らの運動家に限らなかった。一九三〇年の『放浪記』でデビューした流行作家の林芙美子《はやしふみこ》は、盧溝橋事件が勃発すると、毎日新聞社の特派員として「女流の一番乗り」になった。翌年、林は従軍作家部隊「ペン部隊」の一員となって、戦時下中国の漢口に向かう。林は従軍記『北岸部隊』を発表する。

林の『北岸部隊』は戦争プロパガンダに堕していない。作家は現実から目をそらさない。「支那兵の死体がごろごろしていた。見ると、支那兵の服装も困苦欠乏に耐えている姿である。支那兵も数が多く、しかも中々あなどりがたい強さだと思う」。別の死体のそばには「名刺型の美人の写真が帳面に張りつけてあった」。多くの死体を目にして無反応に陥るなかで、この右手に泥をつかんだ二〇歳未満にみえる死体に、林は気持ちが動い

（左）愛国婦人会（1933年）、（右）大日本国防婦人会（1937年）（いずれも朝日新聞社提供）

た。戦場はこのような光景の連続だった。

帰国後、林は「支那の婦人や子供はどうしていたか」と問われる。林は答える。「戦場は戦いの庭であり、砲火をまじえる処なのですから、婦人も子供も遠い部落や山間に逃げていて、それこそめったに、女や子供に逢うことはありませんでした」。戦争の現実は日中の女性の連帯をめぐる思索を吹き飛ばした。

無神経な質問に苛立つかのように林は詰問する。「内地へ戻って来ると、何も彼もあまりに派手すぎてまぶしい位だ。〔……〕もすこし、地についた地味な女性の跫音《あしおと》もききたいと思います」。林からみれば、日本の（とくに内地の）女性の方にこそ問題があった。

愛国婦人会と国防婦人会の対立

日本の内地の女性は別の問題も抱えていた。満州事変前までの婦選運動は、上流階層と下流階層の組織のあいだで連携があった。満州事変後、日中戦争が拡大するなかで、この連携は対立へと転換する。

この対立は上流階層の愛国婦人会と下流階層の国防婦人会（のちに大日本国防婦人会）の対立として具現化していく。愛国婦人会の創設は一九〇〇年と古い。総裁に閑院宮妃を戴く上流階層の女性を中心とする会員は、一九三二年の時点で約三一八万人になっていた。満州事変が勃発すると、愛国婦人会は慰問金・慰問袋の収集、出征家族慰問、現地への慰問団の派遣などをおこなっている。

対する国防婦人会の創設は満州事変時である。割烹着とたすきがけがトレードマークの国防婦人会は、「単なる送迎以上の母性的な愛情を以て」、内地部隊の兵士たちが戦場に赴くに際して、身の回りの世話をする。傷病兵の出迎えや戦病死者の遺骨も「身を以て衷心お世話」する。国防婦人会からみれば、愛国婦人会の慰問の仕方は「金品贈与主義」で心がこもっていなかった。対する国防婦人会は、出征家族を訪問し家事を手伝い寿司や団子を作って贈る。国防婦人会は有閑階級批判の視点から愛国婦人会を批判した。

女性組織の統合は、大政翼賛会の成立（一九四〇年一〇月一二日）を直接のきっかけとして進展をみせる。しかし大政翼賛会が体制統合の機能を果たせなかったように、一九四二年二月二日に創設された大日本婦人会も内実をともなっていなかった。

国家総動員体制下、女性は男性の労働力不足を補う目的で女子挺身隊に組織される。この女子挺身隊への出勤率が年を追うごとに低下していく。なかでも「大都市の良家の子女」の出勤率が悪かった。総動員体制をもってしても、女性の社会階層間の平等を実現するのは困難だった。

他方で国家は女性の総動員を追求する。戦争末期の国鉄職員約四五万人中、女性は一一万人だった。しかも敗戦前年の三月の調査によれば、二〇歳未満の女性が四六パーセントを占めていた。加えて訓練期間が短く、若年女性労働者の「素質の低下、能率の低下」は否めなかった。それにもかかわらず、「電波兵器」（レーダー）の重要部品の真空管を製造していたのは、彼女たちだった。このような軍需生産環境では戦争に勝てるはずはなかった。

勝ち取った女性参政権

戦争が女性の地位向上に及ぼす社会的な作用を重視した市川であっても、日中戦争を正当化することはなかった。対する真珠湾攻撃は違った。市川の評伝研究によると、市川は真珠湾攻撃後の一二月二五日につぎのように戦争への協力を呼びかけている。「この皇軍の戦果を確保し、聖戦の目的を建設するためには、銃後を固めなくてはならない」。

ここまで戦争協力を唱えながらも、市川にとって状況は思いどおりにいかなかった。一九四二年の翼賛選挙に際して、市川は三人の候補者を支援する。結果は一名の当選に止まった。戦争協力に対する政治的な反対給付はわずかだった。

一九四五（昭和二〇）年八月一五日の玉音放送を聞いた市川は、「涙が頬を伝って流れた。戦いに敗れたくやしさであった」。この「戦い」とは日本の戦争だけではなく、女性解放を求めての「戦い」だったようにも解釈できる。

以上から明らかなように、戦前昭和の女性はおしんのような三重苦（貧困・家制度・戦争）に喘いでいただけではなかった。三重苦を克服する挑戦は、戦争によって加速するかにみえた。しかし戦争の現実が女性の希望を打ち砕いた。

それでも敗戦後に実現した女性参政権は、与えられたのではなく、戦前からの延長線上で女性が勝ち取ったものである。戦前昭和の女性の歴史はそう示唆している。

Ⅲ章　メディア——新聞・ラジオに戦争責任はなかったのか？

メディアは被害者か加害者か？

新聞やラジオなどのメディアが戦前昭和の政治社会に及ぼした影響は、評価が二分されている。一方ではメディアは国家権力によって弾圧された被害者であり、他方では戦争を煽った加害者である。ほんとうはどちらが正しかったのか。

被害者としてのメディアの代表的な事例を挙げる。一九三三（昭和八）年八月の『信濃毎日新聞』の論説記事である。この年の八月九日に関東防空大演習がおこなわれる。二日後、主筆の桐生悠々《きりゅうゆうゆう》が「関東防空大演習を嗤う」と題する軍部批判の記事を書く。「かかる架空的な演習を行っても、実際には、さほど役立たないだろうことを想像するものである〔……〕敵機を関東の空に、帝都の空に迎え撃つということは、我軍の敗北そのものである」。

激怒した軍部は、在郷軍人組織を動員して桐生らの退社と謝罪を要求する。不買運動も展開される。二ヵ月後、桐生は退社させられる。

今日においてもっともよく読まれている昭和史の本の一つ半藤一利『昭和史　1926―1945』は桐生の先見の明を高く評価する。「日本の上空に敵機が来て爆弾を落とすようなことになれば、日本は勝てるはずないじゃないかというのは、非常に妥当な意見だと思わざるを得ません」。なぜならば事実、そうなったからである。

同時に同書はつぎのようにも指摘する。「ここで大事なことをひとつ付け加えますと、すでに厳しくされていた新聞紙法に加えて、昭和八年秋、九月五日に出版法が改正されたのです。〔……〕実はたいへんな『改悪』で、これ以降、当局が新聞雑誌ラジオなどをしっかり統制できるようになり、それは次第に強められていきます」。このとおりだとすれば、「関東防空大演習を嗤う」事件をきっかけとして、国家権力による言論統制が強化されたことになる。

他方で戦争を煽った加害者としてのメディアの責任を指摘する研究は、満州事変の勃発を重視する。満州事変をきっかけとして、メディアの論調は百八十度の転換を遂げる。たとえば『東京朝日新聞』と『大阪朝日新聞』は満州事変支持のキャンペーンを展開する。新聞社による慰問金募集の社告や号外・ニュース映画・展示会・慰問使派遣・特派員戦況報告講演会などがおこなわれる。戦争報道に関する古典的な研究の江口圭一『十五年戦争の開幕』(小学館、一九八二年)は、「これをも言論抑圧のやむをえない結果と称するとすれば、それは詭弁というものであろう」と批判している。

最近の著作も同様である。たとえば筒井清忠『戦前日本のポピュリズム』は一つの章を「満洲事変とマスメディアの変貌」に充てて、新聞論調の「大旋回」を跡づけている。

新聞各紙は速報合戦をくりひろげる。満州事変速報は新聞の部数を伸ばす。満州事変前後で朝日新聞は約二七パーセント部数が増えている（筒井清忠『昭和戦前期の政党政治』）。新聞のライバルは同業他社だけでなかった。新聞が号外を連発して速報に努めたのに対して、ラジオもライバルだったからである。

ラジオの満州事変熱——メディアと世論

満州事変はラジオの速報機能を際立たせる。柳条湖事件の翌九月一九日午前六時三〇分、ラジオ体操の時間に飛び込んできたのは、満州事変の勃発を速報する臨時ニュースだった。一九二五年に三五〇〇世帯の受信契約数から始まった民間ラジオ放送は、満州事変勃発の翌年には受信契約数が一〇〇万を超え、一九三五年には二〇〇万台に至る。同年の全国普及率一五・五パーセント（東京は四七・八パーセント）に隣家からの「もらい聞き」などを含めれば、ラジオ放送の急速な普及状況がわかる（佐藤卓己『現代メディア史 新版』）。

ラジオが満州事変熱を煽ったことはまちがいない。日本放送協会の当時の番組編成基本方針は言う。「ラジオの全機能を動員して、生命線満蒙の認識を徹底させ、外には正義に立つ日本の国策を明示し、内には国民の覚悟と奮起とを促して、世論の方向を指示するに努める」（江口、前掲書）。ここでは「満蒙」権益擁護の観点から満州事変の拡大が正当化されている。

メディアのセンセーショナルな報道は、世論の満州事変支持を強める。他方で世論は、新聞やラジオの報道に別の情報を見出そうとする。新聞読者やラジオの聴取者は、郷土の出征兵士が所属する部隊の戦闘状況だけでなく、戦死者の記事にも注目した。この点に関連して、一九一四年生まれのある歴史学者がつぎのように回想している。「それまで新聞をとっていなかったんですが、満州事変で郷土部隊の戦闘の記事がのっけられるようになり、また戦死者の記事もでるものですから、村ではほとんどの小作農ぐらいまでが新聞をとるようになり、わたしの父の家も満州事変から新聞をとるようになりました」。

さらにラジオに関して重要な歴史データがある。満州事変の勃発の翌年五月から八月にかけて、逓信省と日本放送協会が共同で全国ラジオ調査を実施した。ラジオの受信契約者約一二〇万人を対象に調査用紙を発送し、約三割の回答を得た。調査結果は一九三四（昭和九）年に公表される。調査項目のなかに「放送に対する希望」がある。この項目のなかでもっとも多いのは、検閲の緩和を求める「検閲緩」五四七で、有効回答総数八五九の約六四パーセントに当たる。つぎは「遮断不満」一七一で約二〇パーセントになっている。「遮断」とは生放送中に不適切な発言等があるとラジオ放送が遮断されることを指す。以上のデータが示すように、ラジオの聴取者は正確な情報を求めていた。正確な情報の一つに安否確認があったことは容易に想像できるところである。

速報性のあるメディアは安否確認の重要な手段だった。このような情報は満州事変に対する立場の如何《いかん》を問わず、誰もが求めていた。新聞は発行部数を伸ばす。ラジオは受信契約数を増やす。これらのことが目的だったとすれば、新聞の紙面やラジオの番組構成表が戦争を煽る軍国主義一色になるとは限らなかった。メディアの報道姿勢は情報の受け手次第だったからである。

五・一五事件の減刑嘆願――軍部と世論

情報の受け手の側、世論の動向にもっとも敏感だったのは、軍部である。満州事変が拡大する最中の一九三一（昭和六）年一一月一六日付の本庄（繁）関東軍司令官宛の二宮《にのみや》（治重《はるしげ》）参謀次長の私信は、世論の上滑りの満州事変支持を警戒して、「心底からの全国民の理解真の国論の統一」ができていないと指摘している。二宮によれば、国民の軍部支持・追随は一時的な「亢奮《こうふん》状態」によるのであって、「亢奮」が冷めれば、軍部支持も失われる。軍部にとってこのことは杞憂ではなかった。

二宮の警戒にもかかわらず、メディア主導の国民世論の軍部支持はつづく。翌年一月には上海事変が起きる。「亢奮状態」は高まり、五・一五事件（海軍青年将校・陸軍士官候補生・民間右翼団体によるテロ・クーデタ未遂事件）に至る。二日後、五・一五事件に関する新聞記事が解禁される。

七月下旬から軍法会議が始まる。軍部中央は、軍部支持の国民世論の調達を目的として、被告たちの減刑嘆願運動を後押しする。五・一五事件をめぐって、国民も首謀者たちに同情して軍部支持の姿勢を変えなかった。経済危機下、腐敗した政党政治に代わる「昭和維新」をめざした首謀者たちの心情が国民の気持ちをつかんだ。

五・一五事件のメディア報道と裁判は、首謀者たちを国民的な英雄に祭り上げる。「五・一五音頭」が作られる。首謀者のひとりが獄中で作詞したとされる「青年日本の歌（昭和維新の歌）」が青年層のあいだで流行歌となる。未婚の首謀者には花嫁志願者が殺到する。減刑嘆願書は一〇〇万通を超える（筒井、前掲書）。

このような状況に転機が訪れたのは、一九三三（昭和八）年である。この年の五月末日、日中停戦協定が結ばれる。ここに満州事変は、満州国の建国を経て、一区切りがつく。日中停戦協定の成立をきっかけとして、対外危機は鎮静に向かう。対外危機の鎮静化のなかで、軍部が訴える「非常時」は、国民に伝わりにくくなる。

それにもかかわらず、軍部は「一九三五、三六年の危機」を煽る。一九三五から三六年のワシントン・ロンドン両海軍軍縮条約の有効期限切れにともなって、対米国防の危機が生じる。海軍はそう主張する。一九三六年にはソ連の第二次五ヵ年計画の完成にともなって、対ソ国防の危機が生じる。陸軍はそう主張する。

危機の鎮静化にもかかわらず、危機を煽る軍部に対して、政党が再起する。この年の一〇月六日、政友会法曹団大会は、憲法擁護・「ファッショ」政治排撃、政党内閣の確立を宣言する。民政党の中島弥団次《なかじまやだんじ》議員やその他の政党の議員も「軍部の横暴をたしなめる演説」を展開する。閣内からも批判が出るようになる。一二月五日の閣議の席上、高橋（是清）蔵相が強調する。「軍部は言動を慎まなければならん。なにも一九三五年や六年が危機でもなんでもない」。

荒木（貞夫）陸相は民心が軍から離反することを警戒する。おそらくはこの高橋蔵相の発言が直接のきっかけとなって、一二月九日、「軍民離間に関する陸相談話」が発表される。荒木は軍部の軍拡要求に対する批判の台頭を「軍民離間の言動」として退ける。「一九三五、三六年の危機」は「軍部のためにする宣伝」で、「過去の戦役において戦死せるものは庶民階級のみにして高級指揮官に戦死者なし」、あるいは「軍事予算のため農村問題は犠牲に供せらるるものなり」との主張は、「国防の根本をなす人心の和合結束を破壊する企図であって、軍部としては断じて黙視し得ざるところである」。

荒木が「黙視」できなかった主張を展開していたのは、政党と閣僚の一部である。軍拡を要求する軍部に対して政党が立ち上がり、斎藤（実）内閣も軍事予算の抑制に転じるようになる。

日中親善ムードを演出するメディア

対外危機の鎮静化は日中外交関係の修復を促す。外交関係の修復を主導したのは広田《ひろた》（弘毅《こうき》）外相である。一九三五（昭和一〇）年一月二五日の衆議院本会議において、広田は外交官出身の政友会議員芦田均《あしだひとし》と論戦をくりひろげる。ふたりの論戦は、気心の知れた者同士のような様子だった。芦田は広田外交に肯定的で、「吾々も其方針に同感の意を表する考であります」と賛意を示す。他方で「軍部は時として余りに自信を持ち過ぎる」と批判する。広田も芦田に同意して、「私の在任中に戦争は断じてないと云うことを確信致して居ります」と答弁をしめくくった。

翌日の『東京朝日新聞』は、広田の写真入りで「吾輩の在任中断じて戦争なし　芦田氏の外交質問に率直・確信を披露」と報じる。新聞報道の潮目が変わった。新聞は軍部支持よりも広田外交支持に転換した。

広田の議会演説を直接のきっかけとして、新聞は日中親善ムードを盛り上げる。現地の中国大陸から通信社の聯合と電通は過熱報道を競う。たとえば二月一三日の新聞は、実業視察団の訪中や農業の技術援助による綿花などの生産を増加すること、バーター（物物交換）取引による中国の対日輸出と日本の対中輸入の拡大、上海において対中国二億円程度のクレジットの設定などの記事を掲載している。

広田外交が日中経済提携による漸進的な外交関係の修復を構想していたことは事実である。しかしこれらの記事は具体的な裏づけがほとんどなかった。さらに中国の対日親善使節の派遣や中国の新聞記者視察団の招待といった報道は憶測にすぎなかった。現地の日本の外交当局がおそれたのは、これらの過熱報道にともなう中国側の過剰な期待が裏切られた時の反動の大きさである。広田外交支持のメディアの論調は、意図とは異なる結果をもたらしかねなかった。

新聞からラジオへ――二・二六事件の影響

新聞とラジオの報道合戦は新聞が優位に展開していた。その立場が逆転する直接のきっかけとなったのは、一九三六（昭和一一）年の二・二六事件だった。それまでラジオのニュース報道は、通信社と新聞社が提供する内容をラジオ向きに取捨選択、編集したものにすぎなかった。そこへ二・二六事件が起きる。ラジオ局の担当者は警視庁や陸軍省に飛んで直接、取材を始める（丸山鐵雄『ラジオの昭和』）。速報性に優るラジオが報道内容も独自性を持つということになれば、新聞とラジオの報道合戦の勝者は自ずと明らかだった。

事件を知ったラジオ局内は混乱する。娯楽番組の扱いをめぐって意見が対立する。非常時だから遠慮すべきとの考えがあれば、娯楽番組を放送しないとかえって国民に動揺と不安を抱かせるとの自粛への反対論もあった（同書）。

結局のところ翌日午前の通常放送はすべて中止となり、午前八時半すぎにアナウンサーが戒厳司令官布告の「兵に告ぐ」を読み上げた。事件は収束に向かう。陸軍大臣が事件の鎮圧の声明を発表したのもラジオだった。

「兵に告ぐ」を読み上げるアナウンサー（1936年）

軍部はラジオを事件鎮圧の手段として利用した。そうだからといって、軍部によるラジオの政治利用を非難することは躊躇を覚える。当時の日本は、世界恐慌からの脱却に成功して、明るい日常生活と消費文化が花開いていた。経済的な豊かさと社会の安定を享受していた国民は、事件の鎮圧を求めていたはずだからである。
喜劇役者の古川《ふるかわ》ロッパは、二九日のラジオのニュースで、午後二時頃には事件が鎮圧されたと知る。午後四時頃になると、丸の内あたりの交通も復旧する。午後六時すぎには丸の内の日劇や日比谷の映画館もニュース劇場も興行を再開する。映画街にどっと人が繰り出す。ロッパはこのような様子から「平和である」と記す。この日、ロッパは銀座で夜更けまで酒を飲んだ。国民はクーデタが不首尾に終わって安堵した。

ラジオが作ったカリスマ近衛（文麿）首相

ラジオの機能を巧みに利用した首相が近衛文麿である。一九三七（昭和一二）年六月四日に組閣すると、この夜、近衛はラジオ放送「全国民に告ぐ」をおこなっている。組閣当夜の首相のラジオ放送は、日本の歴史上はじめてのことだった。

ラジオは近衛をカリスマに祭り上げる。近衛の正伝は当時の状況を活写する。「近衛があの弱々しい感じの口調でラジオの放送などをすると、政治に無関心な各家庭の女子供まで、『近衛さんが演説する』といって、大騒ぎしてラジオにスイッチを入れるという有様だった」。

ほどなくして七月七日、盧溝橋事件が起きる。日中戦争が拡大する。この年、ラジオの普及率が急伸している。都市部の普及率は四八・二パーセント、郡部でも一四・三パーセントになった。聴取者は連戦連勝の公式情報に接していただけではなかった。「戦死傷者の中に知人がいないかと耳をすますようになった」。ラジオは安否確認の情報源だった。

戦時下の国民がラジオに求めたのは安否確認だけではなかった。この年度の聴取状況調査によれば、聴取率七五パーセント以上の番組は、浪花節、歌謡曲、講談、落語、漫才、ドラマなどだった。国民はラジオに娯楽を求めていた。軍部がラジオを戦意高揚の手段としても、大衆娯楽を求める国民世論を無視することはできなかった。ラジオは双方向性があるメディアだった。

近衛文麿（国立国会図書館蔵）

「投書階級」の登場

大衆娯楽に対する統制の実態は、近年の研究（金子龍司「『民意』による検閲――『あゝそれなのに』から見る流行歌統制の実態」『日本歴史』七九四号、二〇一四年）によって、既存のイメージがくつがえされつつある。盧溝橋事件が勃発した年に美《み》ち奴《やっこ》の歌う流行歌「あゝそれなのに」が大ヒットする。ところがこの流行歌は取り締まりの対象となり、放送禁止措置を受ける。検閲当局を動かしたのは民意だった。民意とは「投書階級」のことである。ラジオ局の日本放送協会は、投書を受け付けていた。投書は番組編成に影響を及ぼす。ラジオ局に投書をするのは、都市化の進展とともに現われた新中間層（官公吏、教員、会社員など）だった。「投書階級」とはエリートでもなく大衆でもない「亜インテリ」（丸山眞男）のことでもあった。

「投書階級」の影響力は強かった。たとえば一九三八（昭和一三）年のラジオの聴取者の投書は約二万四〇〇〇件だった。ラジオ局の番組編成と放送の担当者は、これらの投書を一件ずつ閲覧して、実行可能であればできるだけ番組に反映させることになっていた。

「投書階級」が問題視したのは、出征兵士を送る宴で、軍歌の合唱がいつの間にか「忘れちゃいやヨ」などの流行歌の合唱になってしまうことや、軍歌が花柳街で大声放歌されていることだった。「あゝそれなのに」が「投書階級」の逆鱗に触れたのは、美ち奴の歌い方がなやましく、「エロ」を発散するセクシャルな歌だったからである。

「投書階級」の非難の矛先は、流行歌に止まらず、西洋クラシック音楽に及ぶ。一九三七年の「草深き山村の百姓」からの日本放送協会への投書は、西洋クラシック音楽に対して「不愉快と嫌味とそして一種云うべからざる反感が心の底から湧き上って来る」と嫌悪感を露にする。別の投書は、ヨハン・シュトラウス二世の歌劇「蝙蝠《こうもり》」序曲に対して、

「只ガヤガヤ騒々しくて全く聴いていて閉口致しました」と苦情を述べる。これらの投書に共通するのは、西洋クラシック音楽に対する「生理的な違和感ないしは嫌悪感」であり、「都市エリート文化一般の押しつけに対する反感」だった（金子龍司「日中戦争期の『洋楽排撃論』に対する日本放送協会・内務省の動向」『日本史研究』六二八号、二〇一四年）。

「投書階級」の西洋クラシック音楽の放送回数削減要求は、「日本的なもの」のイデオロギーで飾られていた。西洋クラシック音楽の放送は「ガンガンキーキーやかましいばかりで日本精神に反する」。そう非難する「投書階級」は、他方で軍歌ならば同じ西洋楽器を用いた演奏でも、つべこべ言わなかった（金子、同上）。戦時下に「日本精神」を掲げて非難する相手には、どうしようもなかった。

以上要するに、娯楽統制の主体は検閲当局というよりも、民意（「投書階級」）だったことになる。

権力と民意の逆転は日中戦争の長期化に拍車をかける。新聞やラジオの報道によって戦勝気分が高まった民意は、無賠償・非併合による戦争の終結をめざす近衛の和平工作の妨げとなったからである。メディアの持つ双方向性は、権力による被害者でもなく、権力に追従する加害者でもないメディアの実像を明らかにしている。

強者と弱者の立場の逆転

さらにメディア統制をめぐる加害者（強者）＝軍人と被害者（弱者）＝知識人の関係を相対化した研究が佐藤卓己『言論統制』（中公新書、二〇〇四年）である。同書は「強い軍部が弱い知識人をいじめる」、「剣はペンより強し」の構図を逆転させる。ここでは軍人とは情報局情報官＝鈴木《すずき》庫三《くらぞう》少佐であり、知識人とは文筆家と出版業界の関係者を指す。

同書は議論の前提として、ある統計データに注意を喚起している。それは、鈴木が出版統制の任にあった前後の時期（具体的には一九三七〈昭和一二〉年の日中戦争の勃発から日米開戦の前年一九四〇年まで）の主要雑誌の年間発行部数と書店取り扱いの単行本の刊行数が右肩上がりに増加していることを示す統計データである。この数字は戦時下でありながら、出版が弾圧されていたとは限らないことを示唆している。

加えて同書が描く鈴木少佐は東京帝国大学で教育学を学んだ陸軍将校で、彼の方こそ知識人だった。鈴木は「健全な裸体画や恋愛小説を積極的に奨励」していた。

対する被害者（弱者）だったはずの文筆家や出版業界の関係者は、戦争景気を背景に、経済的に豊かになる一方で、社会的には堕落していた。鈴木が嫌ったのは「金儲けのことしか考えていない資本主義者」だった。

メディア統制をめぐる強者と弱者の立場の逆転が日本社会に何をもたらすのか。それを見極める前に日米戦争が始まった。

大本営発表の虚実

国民が日米開戦を知ったのは、一二月八日午前七時少し前のラジオ放送である。午前七時の定時ニュースの直前に速報が読み上げられる。「大本営陸海軍部十二月八日午前六時発表。帝国陸海軍は今八日未明、西太平洋において米英軍と戦闘状態に入れり」。

大本営発表は悪名が高い。今でも政府による虚偽・誇大のフェイクニュースの代名詞として用いられている。

この大本営発表を緻密に分析した先駆的な著作が保阪正康『大本営発表という権力』（初出二〇〇四年、講談社文庫版二〇〇八年）である。

同書は開戦の日から翌日にかけての大本営発表の内容分析から、意外な結果を明らかにしている。それは情報が正確だったことである。情報が確認できない段階では「まだ確実ならず」と断っている。同書は、大本営発表が可能な限り正確な情報を伝えることで、国民に戦争への協力を求めていたと指摘している。

大本営発表の「デタラメぶり」を強く批判する辻田真佐憲『大本営発表』も、同様の点に注目して、戦果の下方修正がおこなわれた例を引用している。大本営海軍部発表（一二月一八日午後三時）「八日撃沈せるも確実ならずと発表したる敵航空母艦は沈没を免れ○○港内に蟄伏《ちつぷく》中なること判明せり」。

しかし大本営発表の正確な情報は、緒戦の勝利の頃までだった。戦況の悪化にともなって、虚偽・誇大のフェイクニュース化していく。ガダルカナル島の放棄を「転進」、アッツ島守備隊の全滅を「玉砕」と言い替えたことはよく知られているとおりである。

戦況の悪化は東条内閣にメディア統制を強めさせる。その東条内閣も一九四四（昭和一九）年七月のサイパン島陥落の責任をとって総辞職する。

メディア統制の緩和

つぎの小磯《こいそ》（国昭《くにあき》）内閣になると、メディア統制をめぐる方針の転換が図られる。金子龍司「太平洋戦争末期の娯楽政策——興行取締りの緩和を中心に」（『史学雑誌』第一二五編一二号、二〇一六年）によれば、統制の強化から緩和への転換点となったのは、一九四五年三月の東京大空襲だった。統制の緩和は新聞をとおして国民につぎのように知らされた。「内務省では非常措置以来封じられていた映画館のアトラクションを解禁し、流行歌手のマイク使用の禁止を撤廃、扮装態度に対しても従来のような制限を加えず、興行の明朗闊達化を図ることとなった」。

しかしながら、統制の緩和措置にもかかわらず、国民の士気が高揚することはなかった。国民は娯楽に慰安を求めながらも、空襲で家を焼かれ、家族を失った。大本営発表を「信じたいけど、信じられない」（保阪、前掲書）国民は、勝てるとも負けるとも確信が持てないままに、敗戦を迎える。

玉音放送

国民が敗戦を知ったのは、八月一五日正午の玉音放送である。敗戦を正式に伝える手段がラジオである必要はなかった。天皇の詔書が新聞に掲載されればよい。それでもラジオをとおして、天皇が国民に知らせたのには理由があった。軍部内には徹底抗戦の構えを示す一派がクーデタを引き起こす勢いだった。一刻も早く正確にもっとも権威のある正式な内容を国民に伝えなければならなかった。その手段こそがラジオだった。玉音放送によって、日本は大きな混乱もなく、敗戦を迎えることができた。

戦前昭和のメディアの役割を振り返ると、『ドン・キホーテ』の作者ミゲル・デ・セルバンテスの言葉を思い起こさせる。「正直は最善の策」。メディアは双方向性を持つ。権力による一方的な被害者ではない。そうかといって権力に追従する加害者でもない。メディアによって国家が一方的に国民を動員することもできない。メディアをめぐる社会状況は当時も今も変わらない。国家が国民の支持を調達するには、正確な情報の提供による自発的な協力を促すことが捷径である。

Ⅳ章　経済——先進国か後進国か？

「日本資本主義論争」

同時代において自国経済を自己評価するのはむずかしい。たとえば「アベノミクス」下の日本経済をどう評価すべきか。一方は株価上昇・失業率の改善を強調する。この立場からすれば、世界経済のなかで日本は主要国の地位を維持できるだろう。他方は実質賃金の低下・非正規雇用の増大を強調する。この立場からすれば、世界経済のなかで日本は主要国の地位から滑り落ちるだろう。どちらも客観的なデータに基づきながら、評価は異なる。論争がつづいている。

同時代としての戦前昭和においても同様だった。日本経済をどう評価するか、日本は先進国なのか後進国なのか、経済学者たちが激論を展開していた。それがマルクス主義経済学者による「日本資本主義論争」（一九二七〈昭和二〉～一九三七〈昭和一二〉年）である。一方は『日本資本主義発達史講座』の主要執筆者だったことから「講座派」と呼ばれた。他方は同人雑誌『労農』で論陣を張ったことから「労農派」と呼ばれた。

「労農派」の代表的な人物である大森義太郎《おおもりよしたろう》の評伝は、この論争の社会的な影響をつぎのように描写している。「日本資本主義論争は軍国主義、国粋主義に反感を持つインテリ、学生らにとって暗夜に蠟燭の光を見出すほどの感激を与えた。ジャーナリズムにとっても絶好の話題になり、総合雑誌も多くの紙面を割くようになるが、それが本格化したのは一九三三年からであった」（大森映『労農派の昭和史』）。

大森義太郎を中心とする「労農派」の編集による『マルクス・エンゲルス全集』全二〇巻の刊行が始まる。対する「講座派」も別の『マルクス・エンゲルス全集』を企画する。これらの出版企画の背景にあったのは、若い世代のマルクス主義への渇望だった。戦前昭和のマルクス主義は、「アカデミズムのうえで、あるいはジャーナリズムのうえで」、「時代の寵児」になった（中村隆英『昭和史 I』）。

コミンテルンの影響下にあった日本共産党系の経済学者の「講座派」は、日本を絶対主義的天皇制国家と規定して、日本経済の封建制を強調する。この立場からすれば、めざすべきはブルジョア革命で、社会主義革命はそのつぎだった（二段階革命論）。

対する「労農派」は、日本をブルジョアジーが権力を握るブルジョア国家と規定して、日本経済の近代化の進展を認める。この立場からすれば、めざすべきは社会主義革命だった（一段階革命論）。

『昭和史』の歴史観

どちらの立場も社会主義革命をめざす点では一致していた。ところが実際には日本における社会主義革命は幻想だった。そうだからといって、この論争が無意味だったことにはならない。戦後における昭和戦前史理解に大きな影響を及ぼしたからである。とくに「講座派」の分析枠組みの影響が強かった。その一つが一九五五（昭和三〇）年一一月刊行の遠山茂樹・今井清一・藤原彰『昭和史』（岩波新書）である。この著作は翌年のベストセラー第五位に入った（第一位は石原慎太郎『太陽の季節』）。初版の四年後の新版と合わせると一〇年間で四三万部に上る。

『昭和史』の第Ⅱ章のタイトルは「恐慌から侵略へ」となっている。ここに示されているのは、つぎのような構図である。農民や労働者の地主や資本家に対する不満を「天皇制にむけさせぬために」、あるいは農民や労働者が感じている「没落の不安を排外主義・侵略主義にそらすために」、右翼や国家主義者は、農民や労働者の政治批判を「軍部専制への期待にねじまげ」た。この立場からすると、満州事変の原因は「大恐慌からの脱出口を、満州市場の独占と戦争経済に求めたこと」になる。要するに戦前昭和の経済の弱さが戦争を引き起こしたとする歴史観である。

今日の研究水準に照らせば、このような農民・労働者対地主・資本家の階級対立を強調する分析視角は、一面的にすぎる。戦前昭和の農民は地主に搾取され奴隷のように働いていたのではないからである。たとえば農家一戸当たりの所得は、一九三一（昭和六）年を底に三七年まで対前年比プラスがつづいている。さらに日中戦争が始まると、食糧増産を目的として、政府は農業対策の立法措置を講じる。一九三九（昭和一四）年には小作料統制令によって、政府は小作料の引き上げを禁止する。戦争を直接のきっかけとして、地主に対する農民の相対的な地位が向上していく。

労働者と資本家の関係も同様である。よく知られているように、一九二〇年代から三〇年代にかけて、労働者の長期安定雇用、年功賃金体系、労使一体・労使協調を特徴とする日本的労使関係が確立している。そこへ日中戦争の勃発にともなって、戦争景気が起こる。労働者の賃金は上昇する。完全雇用に近づく。軍需生産の社会的な圧力は、資本家に対する労働者の相対的な地位を向上させる。資本家は役員室で革張りの椅子にふんぞり返っているのではなく、現場の工場で労働者とともに、汗を流さなければならなくなった。

対する『昭和史』の歴史観は、戦後、長く直接的にも間接的にも影響を及ぼしながら、社会に共有されて今日に至っている。意識的にも無意識的にも、日本経済の後進性が戦争の原因と考えられている。

以下ではこの論争を手がかりに、戦前昭和の日本は先進国だったのか後進国だったのかを考える。

「暗い谷間」の戦前昭和イメージ

「講座派」の視点は戦前昭和の経済の後進性に注意を向ける。実際のところ当時の日本は、産業人口の構成比が第一次産業対第二次産業対第三次産業＝五〇対二〇対三〇だった。今日では二〇一五年の国勢調査によれば、四対二五対七一である。産業人口の半数が第一次産業だった戦前昭和が農業国だったことはまちがいない。

昭和はデフレーション基調で始まる。一九二七（昭和二）年に金融恐慌が襲う。二年後は世界恐慌が起きる。翌年、最大の経済危機（昭和恐慌）に見舞われる。農村は窮乏が極まる。たとえば一九三二（昭和七）年九月の『日本農業年報』は、農村の窮乏をつぎのように伝えている。「いま農村には、食うに困るものが簇出《そうしゅつ》している。山の木の葉を取って来て食ったり、豆腐粕《おから》で飢を凌いだり、犬や猫を殺して食ったり、フスマで命を継《つな》いだり、欠食児童の弁当ドロが行われたりしている。何たる姿だ。宛然、餓飢〔鬼〕道の観を呈している」（中村政則『労働者と農民』）。

「娘の身売り」も横行していた。たとえば『東京朝日新聞』（一九三二年一一月一二日）の記事が「青春のない村／四人以下の生活／死線にあえぐ／娘売る山形の寒村」の見出しで、現地（最上郡のある村）から報告している。この記事によれば、村の一五から二四歳までの女性四六七人中二五〇人（約五四パーセント）が芸娼妓として売られた。村人が説明する。「ここの娘は新潟へ行ってる、隣りは東京の新宿、ここのは横浜のハイカラなところへ行ってるそうだ、別ぴんでもないのだがみる人がみたらいいのかもしれぬ」。二年前の県の調査によれば、新宿の娼妓一〇人中、山形県出身が七人だった。娘を売った三、四軒の家を訪れて理由を問うと、「東北人らしいぼくとつさと農民らしい宿命的あきらめのうちに」答えた。「外に仕方がない故に」。農村の惨状は、この村が例外ではなく、東北地方を中心にどこでもみられた光景だった。

娘の身売り防止を呼びかけるビラ（1934年、山形県。朝日新聞社提供）

　昭和恐慌下、物価・企業利潤・労賃が大きく下落する。経済危機は社会不安を招く。左翼運動の一方で右翼運動も激しくなる。テロとクーデタの風潮が広がる。そのさきに満州事変が勃発する（一九三一〈昭和六〉年九月一八日）。このような「暗い谷間」の戦前昭和は一九三〇年代の経済危機下の日本のイメージである。

　ところが満州事変の勃発からわずか四年後の一九三五（昭和一〇）年から翌年にかけて、日本経済は危機を克服する。経済の急速な回復はつぎの数字に

2・26事件後、賑わう銀座（1936年3月1日、朝日新聞社提供）

表れている。昭和六年の失業率＝五・九二パーセントから昭和一〇年＝四・六六パーセント、昭和一〇年の米価＝昭和六年の約一・七倍、昭和一〇年の輸出総額＝昭和六年の二・二倍、昭和一〇年の輸入総額＝昭和六年の一・九倍（坂野潤治・宮地正人編『日本近代史における転換期の研究』）。

　経済危機の克服は大都市＝東京を輝かせる。詩人・作家で一九三七年の歌謡ヒット曲「あゝそれなのに」の作詞者でもあるサトウハチローは、一九三六年一月二五日から書きはじめ同年七月に単行本として『僕の東京地図』を刊行する。二・二六事件を挟む期間の東京でありながら、このクーデタ事件の影響は欠片《かけら》もない。

　サトウの路上観察記は銀座をつぎのように描く。銀座でおでんを食べるのならば、「御多幸」の本店だ。服部時計店の裏に「ふくべ」という汁粉屋がある。デパートが引ける頃、デパートの「ショップガール」で大入り満員となる。彼女たちに逢いたければこの店だ。それに安い。夜が更けてくれば、松坂屋の横の屋台「青葉亭」だ。深夜三時までの営業で、牛豚カツレツを出している。「青葉亭」にいると毎晩、誰かに逢う。寿司が食べたければ、「美壽志《みすし》」が午前二時半までやっている。その後はどうするか。松屋の横から昭和通りへ出たところに「不二屋ミルクホール」がある。ここならば夜明けまで起きていて、店員も「眠そうな顔なんてしていない」。銀座は不夜城だった。サトウは賛美する。「東京はいい。東京はすてきだ」。そこには平和で豊かな消費生活があった。

高橋（是清）財政の意義

危機から回復へ経済が短期間に好転したのは、高橋（是清）大蔵大臣の政策が功を奏したからである。経済史家のあいだでは高橋財政の積極的な意義を認める点で合意が形成されている。

日本経済の急速な回復は高橋財政がつぎの三つの特徴を持っていたからである（以下の記述は、中村隆英『昭和経済史』『昭和史 Ⅰ』に拠る）。

第一は金本位制からの離脱である。金輸出を禁止して金と円の交換ができなくなれば、円の価値は下がる。金本位制下の一九三一（昭和六）年の対アメリカ為替レートは一ドル＝二円五銭だった。それが翌年には三円五六銭と円安になっている。円安になれば、外国にとって日本品の値段が安くなることを意味する。そうなれば輸出の拡大が起きる。輸出の急伸はすでに数字で確認したとおりである。さらに輸出の拡大は国内の物価水準を引き上げる効果をもたらす。

他方で円安は輸入品の価格を上げる。このことは日本経済への打撃となるとは限らなかった。輸入品に代わる輸入代替産業が発達しやすくなるからである。たとえばアメリカなどからの繊維製品を輸入する代わりに綿紡績工業が発達する。綿紡績工業のつぎは軽工業、そのつぎは重化学工業となっていく。

第二は低金利政策である。低金利は株価を引き上げる。株価が上がれば投資家は儲かり、企業からの増資に応じる。企業の資金調達が容易になる。重化学産業における大規模な設備投資が需要を創出する。低金利は利払い負担が軽減するから公債の発行の増加を可能にする。

第三は積極財政である。財政支出の拡大は「大砲もバターも」を可能にする。一方では軍事費が膨張する。他方では農村救済の「時局匡救《きょうきゅう》事業費」も増加する。農村で土木事業を起こす。農村に低金利の資金を貸し付ける。財政支出は一九三一(昭和六)年の一四億七七〇〇円から二年後には二二億五五〇〇円へと一・五倍以上に拡大している。

多額の赤字公債の発行を財源とする積極財政による景気刺激策は、ケインズ経済学の乗数理論の先取りと評価されることがある。高橋自身、すでに一九二九（昭和四）年の段階で、このことを巧みな喩《たと》え話によって表現している。「仮にある人が待合へ行って、芸者を招んだり、贅沢な料理を食べたりして二千円を費消したとする。これは風紀道徳の上から云えば、そうした使い方をして貰いたくは無いけれども〔……〕その金は転々して、農、工、商、漁業者等の手に移り、それが又諸般産業の上に、二十倍にも、三十倍にもなって働く」（高橋是清『随想録』）。こうして高橋財政下で日本経済は約七パーセントの経済成長を開始する。

高橋は赤字公債の発行による積極財政を野放図に進めたのではない。昭和九年を境として、高橋は財政健全化に努めるようになる。歳出の増大は昭和七、八年であって、昭和九、一〇、一一年には抑制されている（井手英策『高橋財政の研究』）。

高橋財政の政策評価

歳出の抑制基調のなかで、軍事費は例外だった。歳出に占める軍事費の割合は四三・六パーセント（昭和八年）、四八・九パーセント（昭和九年）、五二・一パーセント（昭和一〇年）、五二・七パーセント（昭和一一年）と微増ながら増加している。微増に止めた高橋の努力を多とするか、財政の軍事化の端緒と批判するか、評価は割れる。前者の立場は「バターも大砲も」可能にした高橋の手腕を肯定する。批判する側は高橋が軍事費の膨張には抵抗したものの、軍拡には反対しなかったと強調する。軍事支出が景気刺激策として有効だったのは初期だけで、高橋財政は軍事化の傾向があったとの指摘もある。

さらに農村救済をめぐる高橋財政の政策評価となると、きびしさが増す。昭和八年は豊作のために米価が低落する一方で、翌年になると今度は一転して冷害が起こり凶作になる。この年は繭価の急落もあった。農村不況が解消したとはいいがたかった。高橋自身、農村経済が「非常な大打撃を受けた」ことを認めている（高橋、前掲書）。重化学工業化の進展があったとはいえ、依然として農業国だった日本にとって、農村不況の影響は深刻だった。

高橋財政は別の問題も抱えていた。財政規律を求める高橋にとって、満州国の存在が重くのしかかっていたからである。昭和七年の満州国の建国にともなって、日本の対満投資は飛躍的に拡大する。その結果、国際収支の悪化がもたらされる。昭和七年の国際収支差は二億七六〇〇万円のマイナス、翌年は一億三五〇〇万円のマイナス、その翌年も六億四〇〇〇万円のマイナスになっている。高橋財政によって、輸出は急速に拡大したものの、それを上回る対満投資によって、国際収支の均衡が失われようとしていた。

高橋は昭和一〇年初頭の閣議において、対満投資の抑制を主張する。陸軍側にも「国際貿易の収支に関わるのであるから、そこいらをよほど慎重にしてもらわないと困る」と釘を刺す。高橋は前年度から公債発行の漸減による財政の緊縮化を進めていた。世界恐慌から脱却した日本経済をどのようにして安定軌道に乗せるか。高橋の手腕が試されようとしていた。しかし結果を確認することはできなかった。昭和一一年の二・二六事件の反乱軍の兵士たちが高橋の命を奪ったからである。

「準戦時」経済

二・二六事件は軍部が鎮圧する。この過程において、軍部の政治的な台頭が顕著になる。広田（弘毅）内閣に対する軍部の介入が始まる。軍部は大規模な軍備拡張を要求する。昭和一二年度予算で軍事費は前年度の一〇億円台から一五億円弱へと四割以上の増加が認められる（中村『昭和経済史』）。このなかには超巨大戦艦の大和と武蔵の建艦予算も含まれていた。

大蔵大臣の馬場《ばば》鍈一《えいいち》は、昭和二年の金融恐慌の際に、日本勧業銀行総裁として処理に手腕を発揮した実績があった。ところが蔵相としての馬場は、軍部に抵抗するよりも、軍拡を所与の条件として受け入れて財政を運営する決意だった。

軍事費を中心とする歳出の増加に対応するために、馬場財政は増税・公債増発・低金利の三つを目標に掲げる。増税の声を聞くや否や、株式市場は暴落する。法人に対する所得税を八割程度増徴する案に財界が強く反発する。相続税の約一〇割引き上げや財産税の新設もあった。

この予算発表の直後から輸入が急増する。軍事需要の増大にともなう原材料や設備投資の輸入が求められるようになったからである。日本の国際収支は大幅な赤字に転落する。財政運営が困難になる。広田内閣はこのような状況を自ら「準戦時」と表現するに至る。馬場財政は広田内閣の総辞職にともなって終わる。

後継の林《はやし》（銑十郎《せんじゅうろう》）内閣の蔵相に就任したのは、日本銀行出身で安田財閥の中心的な人物だった結城《ゆうき》豊太郎《とよたろう》である。結城は予算案を前年度の約三〇億円から二八億円台へと削減する。税制改革も小幅なものに止める。予算は成立する。しかし林内閣が短命に終わったことによって、結城財政の真価も問われることなく終わる。

戦争景気

後継の近衛（文麿）内閣の蔵相には大蔵官僚出身の賀屋《かや》興宣《おきのり》が就く。賀屋は吉野《よしの》（信次《しんじ》）商工相とのあいだで三原則を作る。三原則とは、「生産力の拡充・物資需給の調整・国際収支の均衡」である。「生産力の拡充」原則の背景には軍部の圧力があった。他方で国際収支の均衡を図るには輸入超過を改めなければならなかった。生産力の拡充を進めながら、輸入も拡大する。それでも貿易赤字を回避するには「物資需給の調整」（物資の需要と供給の調整をすること、物資の供給不足には需要の抑制によって対応すること）をおこなう必要があった（中村『昭和経済史』）。

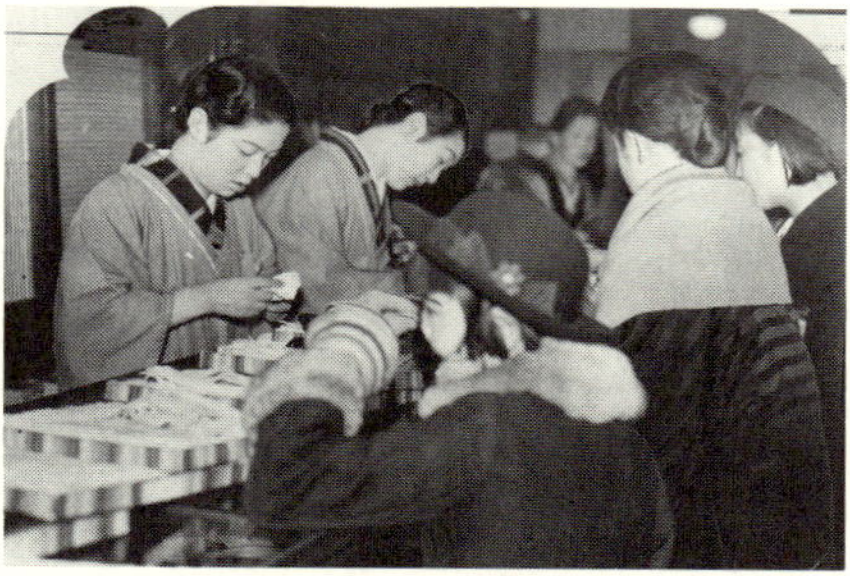
1937年、デパートの年末商戦（朝日新聞社提供）

近衛内閣の成立の翌月、盧溝橋事件が起きる。日中戦争が拡大する。戦争の拡大にともなって、七月末の臨時国会で五億円の臨時軍事費の追加が認められる。九月には二〇億円、あわせて二五億円はこの年度の当初の国家予算約二八億円に匹敵するほどの巨額の支出となった。

これだけの軍事支出を賄いながら国際収支の均衡を回復するには「物資需給の調整」が急務となった。近衛内閣は九月の議会に「臨時資金調整法」「輸出入品等臨時措置法」「軍需工業動員法の適用に関する法律」の三法を上程した（中村『昭和史　I』）。

戦時経済の舵取りの困難さは戦争景気に沸く国内において後景に退く。軍事費が拡大する一方で国民ひとり当たり総支出も伸びる。軍需産業を中心とする労働需要の高まりが賃金の上昇と完全雇用を実現しつつあった。食糧需要も増大する。農民はコメの売り惜しみができるほどにまでなった。長くつづいた農村不況は、日中戦争にともなう戦争景気の経済効果によって、解消に向かった。

この年の一二月、蔣介石の国民政府の首都南京が陥落する。歳末のデパートは盛況を極める。新聞が報じている。「軍需景気の反映か、デパートの今年の売上げぶりは正に記録的だといわれる」。各デパートは「あきれる位売れる」状況だった。

戦時下の重化学工業化

財界は戦時統制経済に反対するよりも、戦争にともなう重化学工業化の促進によって経済成長が加速すれば、「世界の三大強国として、世界的舞台で覇権を争う」との意気込みを持つことができるようになっていた。

戦争をとおしての重化学工業化は、軍需に限らず民需にも応じる新しい産業の可能性をもたらす。例として挙げるのは理研コンツェルンである。理化学研究所の発明を工業化する理研コンツェルンは、盧溝橋事件が起きた年に機関誌『科学主義工業』を創刊する。創刊号の巻頭言は「理研コンツェルンとは理研を後援する事業団体である」として、

「(一)高賃銀、低コスト(二)情実の排斥」を目標に掲げている。

理化学研究所はいくつかの実用的な発明を成功させ、コンツェルン会社をとおして技術を工業化していく。よく知られているのは「理研ビタミン」である。当事者の回想によれば、「理研ビタミン」をカプセルにつめて売ったところ、門前市をなすほど売れた。その売り上げは理化学研究所の総経費に相当するほどだった。このほかに合成農薬や合成酒も商品化した。合成酒の商品名は「利益が久しいように」「利久」と名づけられた。

別の号の編集後記は、「資本と熟練とに頼る従来の資本主義工業」に決別し、「科学を基調として『高賃銀低コスト』の生産をなす」「科学主義工業」を宣言している。狭隘で天然資源に乏しい日本は、「科学的智能」によって「無限の資源を獲得」できる。発明による工業化は軍需にも民需にも応える。労働強化や生産制限をしなくても生産性は向上する。このような可能性が生まれた。

首都の陥落後も日中戦争は終わることなく長期化する。それにもかかわらず、財界は前途を楽観している。昭和一四年の年頭に際して、明治生命の経営トップに資産運用についての情報を提供する業務に従事していた山中宏《やまなかひろし》は、つぎのように好景気の継続を予測している。「軍需部門の繁栄は平和部門の沈滞をカバーして、全体としては景気は上昇傾向をつづけて居る。〔……〕本年もまた此《この》傾向は依然として、否《いな》一層拡大された形において持続すると思われる」。戦争の長期化は戦争景気の継続への期待を生んでいた。

戦時統制経済の崩壊

ところがこのような楽観論はこの年（一九三九〈昭和一四〉年）に起きた事実が裏切っていく。秋に西日本が旱魃《かんばつ》の被害に遭う。水力発電に依存していた日本は、電力不足が深刻になる。米の不作はパニックのような状況を引き起こす。年末には東京でも米穀店に米が半日分くらいしかなくなる。さらにこの年の九月一日、第二次欧州大戦が始まる。国際物価が高騰する。軍需品も例外ではなく輸入が困難になる。貿易統計をみれば、この年から翌年にかけて、鉄鋼・非鉄金属・燃料の輸入が減少していることがわかる（中村『昭和経済史』『昭和史　I』）。

さらに外貨不足による国際収支の悪化を食い止めるために、輸入を制限するようになる。軍需関連の輸入に制限はない。輸入が制限されるようになったのは民需関連である。生活用品の不足は、輸入品の砂糖や砂糖を使った菓子類に始まり、米、味噌、醤油、マッチなどへと拡大していく。

この年はもう一つ深刻な局面が現われる。七月にアメリカが日米通商航海条約の廃棄を通告してきたからである。日本は対米経済依存によって戦争を継続してきた。アメリカは日本にとって石油をはじめとする重要資源の供給国だった。日本の戦時経済は大きな壁に突き当たることになった。

政府は戦時統制経済の徹底によって難局を乗り切ろうとする。その一つがこの年一〇月から実施した「九・一八統制令」である。この統制令は物価と賃金の水準を九月一八日の水準に凍結して、すべての物価と賃金の公定水準を定めている。

公定価格の品目数は四万（中央）と四三万（地方）だった。その後、公定価格はほとんどすべての品目に及ぶようになる。よく知られたエピソードがある。この頃、商工省の官僚でのちに自民党副総裁になった椎名悦三郎《しいなえつさぶろう》は、一九七三（昭和四八）年の石油危機に見舞われて価格統制の法律を作った際に、「一度統制を始めたら植木鉢まで公定価格を決めなければならなくなる」と嘆息したという（中村『昭和経済史』）。

なぜこうなるのか。物不足になれば、価格は上昇する。そこで政府は市場価格よりも安い公定価格を設定する。ところが売る方は公定価格で売るよりも、ヤミ取引で高く売りたい。作る方も公定価格では儲からないとなれば、別の公定価格のない儲かるものを作ろうとする。こうなると主要品目だけではだめで、すべての品目に公定価格を設けて統制の徹底を図らざるを得なくなる。警察がヤミ取引の摘発に乗り出す（同書）。

これではソ連などの社会主義計画経済と寸分違わぬことになる。社会主義経済がそうだったように、日本の戦時経済も崩壊が避けがたくなっていく。

失敗の教訓

戦時経済の崩壊は、一九四一(昭和一六)年一二月の対米開戦によって、加速する。代替となるはずの南方の占領地域の資源は、開発に時間も労力も要した。南方資源は日本に運ぶまでの輸送力の問題もあった。原油を運ぶタンカーは海軍が作戦用に徴用していた。結局のところ、国民生活を犠牲にして軍需生産を最優先させても、一九四四(昭和一九)年末には日本経済は行き詰まる、経済的には戦争に負ける、そのような政府予測が示されるまでになった。この年八月の国力判断は、潜水艦攻撃による船舶の予想以上の損害や輸送力の激減、この年初めをピークとする軍需生産の急降下によって、国民生活を維持することも困難になると認めている(同書)。

以上のような、物資動員計画に基づく生産力の拡充を目的とした戦時統制経済の歴史は、戦後と連続する局面を持つ。戦時中、鉄鋼増産計画の立案に関与していた水津利輔《すいつりすけ》(製鉄所勤務ののち日本鉄鋼統制会理事)は、戦後になって当時を回想してつぎのように述べている。「軍を中心として、戦争をやらなければならない、これに勝たなければならない、この熱意というものが普通の常識では考えられないだけの大きな力を入れたという面は確《たしか》にあると思う」。戦時統制経済の失敗の教訓は戦後に活かされることになる。

あらためて最初の問いに戻る。戦前昭和の日本は先進国か後進国か。「講座派」が指摘するほどには日本は後進国ではなかった。農業国ではあったものの、重化学工業化が進んでいたからである。しかし「労農派」が指摘するほどには日本は先進国ではなかった。戦前昭和の日本は後進国から先進国へ離陸する途上だった。このプロセスを促進したのが戦争である。他方でこのプロセスを破壊したのも戦争である。それでも敗戦後の復興と戦後の高度成長は、戦時期を経なければ実現しなかった。こうして昭和日本は先進国になった。

Ⅴ章　格差——誰が「贅沢は敵だ」を支持したのか？

戦前昭和の格差社会

格差の問題が大きな社会問題としてクローズアップされるようになったのは、二〇一一（平成二三）年三月一一日の東日本大震災が直接のきっかけだった。この大震災の直後、海外のメディアは日本社会の助け合いと譲り合いに驚嘆し称賛した。日本社会は混乱を最小限に抑えて秩序を回復したかにみえた。

ところが実際には日本社会に分断線が走るようになった。被災地と非被災地、原子力発電のリスクを負いながら衰退の予兆に包まれる地域と原発のリスクを負うことなく経済的な豊かさを享受する地域、このような格差の現実は、地域に止まることなく社会全体に波及している。

歴史をさかのぼると、今日の光景は既視感がある。格差社会の問題は戦前昭和も今も同じだからである。戦前昭和の格差は、階層から学歴、男女の性別、都市と地方、第一次産業と第三次産業などあらゆる社会領域に及ぶ。格差は当時の方が今よりもひどかった。同時代の人びとは戦前昭和の格差社会にどう立ち向かったのか。

あらかじめ格差の問題を概観する。この問題を考える際に、最初に読むべきは橋本健二『「格差」の戦後史』だろう。戦後日本の格差の問題を主題とする著作でありながら、戦前昭和の格差の問題に対しても示唆に富む。

同書に依拠して格差の問題を整理すると、つぎのようになる。格差には結果の格差と機会の格差（不平等）の二つがある。結果の格差とは、人びとが最終的に手にする社会的資本（所得や資産、社会的地位や権力、名誉、仕事のやりがいや生きがいなど）の格差を指す。機会の格差とは、社会的資源を獲得する機会の格差（性別、人種・民族、親の所属階級など）を指す。結果の格差と機会の格差は相互に関連している。

「格差」がやっかいなのは、同書が指摘するように、「不平等」や「不公平」とは異なって、悪いとは限らないことである。「不平等」や「不公平」を肯定する人はまれだろう。「不平等」や「不公平」は悪いことだとの価値判断が広く共有されているからである。「格差」の方はどうか。悪いと批判する人もいれば「格差が日本を強くする」と肯定する人もいる。「格差」は価値判断から自由な用語である。

以上のように格差には結果の格差と機会の格差の二つがあり、批判されることもあれば肯定されることもある。このことは戦前昭和の格差の問題を考える際も変わらない。

同書によれば、戦後日本の格差構造の出発点を形成することになったのは、戦争がもたらした社会的な格差だった。たとえば東京大空襲による江東区の死亡率一四・三パーセントに対して、世田谷区は〇・〇三パーセントである。下町と山の手の格差は戦争によって拡大した。

徴兵にも学歴による格差があった。旧制中学卒以上の学校の在学者は徴兵猶予の特権があったからである。この特権の廃止（一九四三〈昭和一八〉年一〇月）後も、理系の在学生は入営延期となり、あるいは幹部候補生として短期間で士官に進むことができた。

学歴によって戦死者の比率も異なる。つぎのようなデータがあるという。一九四四年からの三年間で、高等小学校卒以下の場合、死亡率四三・八パーセントに対して旧制中学卒以上の死亡率は三〇・八パーセント、高学歴の方が死亡率は低い。

以上の数字は戦時下の日本が格差社会だったことを示している。

他方で同書は戦時下に格差が是正された事実も指摘する。都市と農村の格差の縮小と男女間賃金格差の縮小である。たとえば戦時下の一九四〇年代に生産者米価が引き上げられ、都市（米の消費者）と農村（米の生産者）の格差は縮小に向かう。男女間賃金格差も、製造業の男性を一〇〇とすれば、女性は三一（昭和一一年）から四〇（昭和一七から一九年）へと格差が縮小する。

これらの数字が示唆するのは、戦争がなければ格差は縮小しなかったことである。別の言い方をすれば、格差を是正するのは戦争が持つ社会的な力である。この章では戦争の社会的な力による社会の変革をとおして、格差が是正に向かう過程を明らかにする。

戦時下の格差是正

戦争が格差を是正する。この論点をめぐって、日本近代史研究は多くのすぐれた知見を提示している。代表的な研究として、雨宮昭一『戦時戦後体制論』と三谷太一郎『近代日本の戦争と政治』を挙げることができる。

前者で印象に残る記述を要約する。戦時下の町内会・隣組の組織過程で顕在化したのは、上・中流と下流の階層間格差、「インテリと庶民」の格差、とくに機会の格差の問題だった。上・中流家庭は「女中まかせ」の「悪習」をやめなければならなくなった。町内会・隣組では金持ちも貧乏人も「地位、名声、資産、学識、年輩等々の差別を超越」すべきだった。「酒屋の小僧」が上等兵になって帰ってくると、戦争前は「お坊っちゃま」と呼んでいた得意先の息子を「皆の見ている前で殴りつけ」るようなことが起きるようになった。

後者からも引用する。「『戦争は革命の延長である』というテーゼは、近代戦争のほとんどあらゆる場合に妥当する」。同書によれば、戦時下の一九三九（昭和一四）年に社会政策学者の大河内一男《おおこうちかずお》東大助教授がつぎのように指摘している。「農村に於ける極度の労力不足は今や何人の眼にも明白であり、農村に於ける雇傭労働の賃銀の著しい昂騰を来してい

夜の料亭を視察する市川房枝ら婦人団体メンバー（1939年、朝日新聞社提供）

る」。昭和の戦争も革命的な社会変動＝社会的な格差の是正をもたらすかのようだった。

格差の是正を平準化の観点から分析する先駆的な研究として、筒井清忠『昭和期日本の構造』も欠かせない。同書は戦時下の社会変動をつぎのように活写している。「高級料亭の前に並ぶ自動車は『愛国者』たちによってタイヤが破られ、高級レストランは閉鎖され、ゴルフ場は翼賛壮年団などによって閉鎖が要求され、大学教授は隣組長に叱咤され、女中は無為徒食の『奥様』に反抗した」。

総力戦体制下の平準化プロセスに注目する研究もある。それが山之内靖『総力戦体制』である。同書は言う。「総力戦体制は、国民共同体における運命的共同性という事情に促されて、さまざまな社会政策的対応に乗り出さざるをえなかった」。総力戦体制は格差是正の社会政策を具体化する。

なお平準化と総力戦体制をめぐる諸論点と研究史の概観は、沼尻正之「昭和期における平準化の進展――戦前・戦中・戦後」（筒井清忠編『昭和史講義2』）が要領よくまとめている。

戦後昭和は平和の下で格差を是正し「一億総中流社会」を実現した。対する戦前昭和は違った。以下では〈なぜ戦前昭和は格差の是正に挫折したのか？〉を明らかにする。この問いに答えることができれば、もう一つの問い〈戦前昭和は戦争がなければ格差を是正できなかったのか？〉の答もわかるようになるだろう。

農村の自力更生運動

都市と農村の格差は、戦時下でなければ是正に向かわなかったのか。昭和初年前後の時期にさかのぼって考える。

翌年から昭和が始まる年、「大正デモクラシー」の進展を背景に、産業組合中央会の機関誌『家の光』が創刊される。農業組合員の生活向上を目的とした『家の光』の論調は、戦争の社会変革作用によらなくても、農村の相対的な地位向上による都市との格差是正の可能性があったことを示している。

『家の光』は農村の都市化によって都市と農村の格差の是正をめざす。農村の側は都市の魅力を認めざるを得なかった。「女子先ず其郷土を棄てて男子其後を追う」有様だったからである。都会の工場に通う「ピカピカしたる衣服」の子女を目撃すれば、別の子女が羨望する。都会に出稼ぎにいきたいと願う。

都市の魅力に抗いがたいのであれば、農村の方から都市化する。農村の都市化とは、農業の近代化による豊かな農村の追求のことだった。『家の光』は共同主義＝農業改良主義の立場である。米・麦・繭の増収、野菜の栽培、果樹の植栽などの副業をおこなう。無駄な経費は削減する。節約した分を家族での食事や娯楽費に充てる。若夫婦が旅行をできるようにする。改良農具による農作業の近代化を図る。このように『家の光』は小作農民に希望を与える。

しかし希望は打ち砕かれそうになる。昭和恐慌が農村社会を襲ったからである。政府は一九三二（昭和七）年から農山漁村の救済を目的とする農林省主導の官製国民運動（農山漁村経済更生運動）を展開する。『家の光』はこの運動の一翼を担う。『家の光』は産業組合拡充五ヵ年計画への総動員を呼びかける。この計画は一九三三年からの五年間ですべての町村に産業組合を設けることによって、農村救済をめざす。

『家の光』は組合員による共同主義がもたらす実利をつぎのように強調する。「米や繭をとる為に必要な肥料にしても、一年中の生計をたてるに必要な日用品にしても、組合員の要求を全部集めて、協同で仕入れて御覧なさい。商人から買うよりも、どんなに安く買えるか判りません」。

農村の自力更生運動は、政府の恐慌克服政策と相まって、成果を上げていく。米価は一九三一（昭和六）年を底値として、翌年から上昇に転じる。繭価も回復する。産業組合拡充五ヵ年計画の始まりを起点として、農村は昭和恐慌から脱却していく。

農村の昭和恐慌からの脱却にともなって、『家の光』の発行部数も伸長する。一九三〇（昭和五）年にはわずか四万七〇〇〇部だった。それが三年後には五〇万部、一九三五年には一〇〇万部に達している。農村は共同主義の理念の下で、農業改良による漸進的な生活改善に向かう。

労働者の国際的な連帯

対外危機が鎮静に向かうと、労働者も農民と同様に、格差是正の漸進的な改革を要求するようになる。たとえばある労働組合（関東労働組合会議）は一九三三（昭和八）年一〇月一日につぎの六項目のスローガンを決定している。一「首切賃下労働強化絶対反対」。二「臨時工を本雇に直せ」。三「健康保険法の改正」。四「失業者の生活を保証しろ」。五「労働者の戦線統一」。六「民族性年齢を問わず同一労働に同一賃銀をよこせ」。

これらのスローガンのうち、一から四までは結果の格差の是正、六は機会の格差の是正を要求していると解釈することができる。なかでも六は注目に値する。民族や性差、年齢のちがいを問うことなく、同一労働同一賃金を掲げる労働組合のスローガンは、多数の支持を得られるような訴求力があった。

翌年のメーデーの参加者数は経済危機下の昭和六、七年と比較して半減している。前年の六月八日、日本共産党の最高幹部の佐野学《さのまなぶ》・鍋山貞親《なべやまさだちか》が社会主義思想からの転向声明を発した。この年はプロレタリア作家で共産党員の小林多喜二《こばやしたきじ》が特別高等警察（特高）の拷問によって虐殺されている。メーデーの参加者数の減少は、このような官憲による弾圧の影響だけではなかった。『特高月報』の観察によれば、労働者は「従来の示威運動を廃し、穏健着実なる演説会、座談会、茶話会」などをおこなうようになった。

メーデーの参加者数は年を追うごとに減少する。昭和八年の二万九五一六人に対して、翌年は二万三六六四人、その翌年（昭和一〇年）の二万三七〇五人は昭和六年（四万六八六八人）との比較で半減だったことがわかる。特高の観察によれば、メーデーは参加者の漸減にともなって「穏健化」しつつあり、「従来の如く不穏矯激の挙に出づるもの極めて稀なる状態」だった。検束者も昭和一〇年は前年の半数にも満たなかった。労働者の代わりに検束されるようになったのは、メーデーに反対する極右団体員だった。この年、九州・小倉のメーデーではこのような団体員が「木剣」や「洋杖」を持って殴り込みを図ろうとして、検束されている。

官憲の側もつぎのようなスローガンは取り締まりの対象にしなかった。「一等国らしく労働賃銀を引上げろ」「政府は軍需工業の不当利益を取締れ」「ファッショを粉砕しろ」「植民地の労働者農民と手を握れ」。官憲は労働者の漸進的な格差是正の要求を黙認した。

さきのメーデーのスローガンの一つは、労働者の国際的な連帯を掲げている。なぜならば日本の労働組合は、この年（一九三四年）に開催予定のＩＬＯ（国際労働機関）年次総会への参加を準備していたからである。日本は国際連盟の原加盟国になるのと同時にＩＬＯにも加盟している。前年の一九三三（昭和八）年に日本は満州事変にともなって、国際連盟からの脱退を通告した。それにもかかわらず、ＩＬＯには残留する。日本の労働者は諸外国との国際的な連帯をとおして、漸進的な格差の是正に乗り出す。

労働運動が衰え、左右に分裂しておこなわれた戦前最後のメーデー（1935年、朝日新聞社提供）

政友会の格差是正政策

農民と労働者の要求は、国が受け止めて政策化しなければ実現しない。戦前昭和の二大政党（立憲政友会と立憲民政党）は格差の問題にどう取り組んだのか。

最初は政友会である。一九二七（昭和二）年四月一六日、政友会総裁田中義一は臨時大会の演説で、政友会の基本方針を掲げている。「我党多年の主張たる地方分権、教育の改善、農村振興、行政組織の改革等は相倚《あいよ》り相俟《あいま》って国運の興隆を促すべき緊急の政策たるを痛感する、若《も》し夫れ社会政策に至っては殊に其必要を認むるのである。社会政策の要旨は国民勤労の効果を増大ならしめ、労資の分配を適正にし〔……〕」。

政友会の「地方分権」とは、地租（土地を課税対象とする税）の市区町村への委譲を意味する。地租委譲には中央と地方の格差是正、地方の地域間の格差是正を促す効果が期待されていた。

さらに田中が強調する社会政策とは、社会的な格差を是正する政策のことである。加えて労働と資本の「分配」の「適正」を進めるとしている。政友会は地主と資本家の政党から農民と労働者の政党になったかのようである。

同じ年の三月、衆議院本会議において野党だった政友会の安藤正純《あんどうまさずみ》は、政府の労働組合法案を「羊頭狗肉」と批判している。安藤によれば、この法案は労働者を取り締まることに熱心で、労働者保護の意図が反映されていなかった。

なぜ政友会は労働者寄りの立場をとったのか。翌年に実施予定の第一回男子普通選挙を意識していたからである。新たに生まれる約一〇〇〇万人の有権者の大半は農民と労働者だった。

第一回普選(一九二八〈昭和三〉年二月二〇日実施)の結果は、二一七議席を獲得した政友会が一議席差で民政党に辛勝した。佐藤健太郎『「平等」理念と政治』によれば、政友会の地租委譲論は選挙における効果的な公約とはならなかった。なぜならば地方への一律の財源付与は、どの政党を支持するのであれ、そのことにかかわらず、適用されるからである。政友会を支持する地方にだけ財源が委譲されるのであれば、地租委譲は新たな支持を獲得する手段になり得る。しかし実際は全国画一的な財源付与だった。

民政党の格差是正政策

対する民政党は、第一回男子普選に際して、「七大政策」を発表する。その最優先政策は、社会政策の実行による「労務者生活の向上」と労資関係の合理化の促進である。そのほかは農漁山村の振興策・経済の改善、小作問題の解決の促進、電力の国家統制による「公衆福利の増進」などとなっている。

政友会よりも民政党の方が農民と労働者の政党であるかのようにみえる。民政党は政友会だけでなく、この選挙での議席の獲得が予想される無産政党とも政策を競わなければならなかったからである。そうだからこそ民政党は社会民主主義的な政策を掲げて有権者に訴えた。

民政党はこの選挙で第一党になれなかった。ところが翌年、政友会の田中内閣は張作霖爆殺事件の責任をとって総辞職する。民政党に政権が転がり込む。民政党の浜口《はまぐち》（雄幸《おさち》）内閣は、発足するとすぐに「当面緊急の十大政綱」を公表する。その第一は「政治の公明」である。「社会政策の確立」は最後から二番目の第九項目になっている。一年前の「七大政策」と比較すると、最優先順位だった社会政策の実行の後退が甚だしい。それというのも浜口内閣の最優先政策が緊縮財政に代わったからである。緊縮財政となれば、社会政策の財源も削減の対象になる。予算増を必要とする社会政策の実行は、後回しにせざるを得なくなった。

それでも民政党は一九三〇（昭和五）年二月二〇日の総選挙で二七三議席を獲得して圧勝する。政友会は一七四議席の大幅減だった。

政党内閣の崩壊

惨敗した政友会は、農民と労働者に接近する。貧困者を救済する社会政策立法の一つである救護法は、政友会内閣の時に作られ、民政党内閣になって公布された。ところが緊縮財政のあおりで救護法は施行が延期になっていた。政友会は民政党の責任を追及して、農民と労働者に味方する立場に立った。

さらに政友会は三ヵ条の「新経済政策」をまとめる。第一は不景気打開策、第二は失業問題と社会政策、第三は国民負担の軽減である。具体的には失業基金制度、失業保険制度、解雇手当制度などの確立と地租、営業収益税、織物消費税などの減税による国民の税負担の軽減措置を提示している。

一九三二(昭和七)年二月二〇日の総選挙は政友会が三〇一議席で圧勝する。しかし三ヵ月後の五・一五事件が政友会内閣を崩壊させる。政友会内閣による社会政策の実現の可能性は失われた。

二・二六事件の影響

政党内閣の崩壊後、社会政策の実施は停滞する。社会政策の実施が遅れると、格差も拡大する。たとえばジニ係数(所得格差を示す統計値)の上昇傾向に変化はみられなかった。

このような社会立法の不在状況のなかで、大きな転機が訪れる。大きな転機とは、一九三六(昭和一一)年の二・二六事件だった。高岡裕之『総力戦体制と「福祉国家」』によれば、二・二六事件の背景には「貧富の差」の拡大による「社会不安」があった。このことは二・二六事件後の反乱軍被告に対する尋問調書からわかる。例示する。坂井直《さかいなおし》元陸軍歩兵中尉は、「富の遍〔偏〕頗」と「農山村疲弊の極致」を蹶起の理由に挙げている。磯部《いそべ》浅一《あさいち》元陸軍一等主計も同様に「数年来の国内の疲弊」に言及している。池田《いけだ》俊彦《としひこ》元陸軍歩兵少尉は多弁である。「農民は貧苦のどん底にあるも之れに対する処置は僅少でありま す。帝都の大震災〔一九二三年の関東大震災〕、金融界の動揺〔一九二七年の金融恐慌〕に対する救済は大々的になされましたが、下層民の窮境には極めて冷淡であります」。二・二六事件の背景にあったのは格差社会の現実だった。

このようなクーデタの再発を防止する観点からも「強力な社会政策」の必要性が認識されるようになる。広田〔弘毅〕内閣の政策立案の担当部局＝内閣調査局は、「退職積立金及退職手当法」案や「国民健康保険法」案の実現を提言している。前者の「退職積立金及退職手当法」は、この年〔一九三六年〕の五月に成立する。

「国民健康保険法」の成立は一九三八年である。厚生省の設置も同年一月だった。どちらも実現したのは、日中戦争の勃発後である。しかし同書からわかるように、「国民健康保険法」は日中戦争前から具体化しており、厚生省の設置も日中戦争とは無関係に、一九三七年六月九日の閣議決定＝「社会保険省」の設置方針に基づいている。

通説によれば、日中戦争下、国民の体位の低下をおそれた陸軍の要求によって厚生省が設置されたことになっている。同書はこの通説をくつがえす。厚生省の設置は日中戦争前に決定されていた。

社会大衆党——機会の格差の是正

社会政策をめぐる政友会や民政党の体たらくと比較すれば、社会大衆党の方がましだった。普選尚早論だったはずの政友会は、いざ第一回普選となれば、新たな有権者を獲得する目的で、社会政策を目標に掲げる。民政党もこの時は最優先政策に社会政策を位置づけている。民政党は第一回普選では僅差で敗れる。しかし田中（義一）内閣の総辞職によって政権が転がり込むと、すでにみたように、民政党は「十大政綱」を発表したものの、「社会政策の確立」を第九項目に追いやっている。政友会も民政党も社会政策の実現にどこまで本気だったのか、疑わしかった。

他方で社会大衆党は二・二六事件の直前の総選挙（二月二〇日）で一八議席を獲得している。前回総選挙（一九三二〈昭和七〉年二月二〇日）での無産政党の獲得議席は五議席だったから、大躍進である。坂野潤治『〈階級〉の日本近代史』は社会大衆党の大躍進の背景に、社会民主主義的な改革を求める民意の存在を推測している。

同書は社会大衆党が社会民主主義ではなく、陸軍や官僚との結合による国家社会主義をめざしていたと認めながらも、この年五月の議会における麻生久《あそうひさし》の演説を高く評価する。「問題は結局自分自身の力ではどうすることも出来ない所の社会的な原因が、個人の生活を圧迫して居るのである。〔……〕社会的な原因が個人の生活を圧迫して居るならば、どうしても政治の力に依って、此社会的に生活を圧迫して居る原因を取去る外に方法はないのである」。麻生が機会の格差（不平等）の是正にまで踏み込んだ議論を展開していることは明らかだろう。麻生の演説は農民と労働者の党にふさわしかった。

以上のように広田内閣から近衛（文麿）内閣の発足当初までは、自立的な格差是正の試みとその裏づけとなる社会立法が実現していた。そこへ偶発的な日中戦争が始まる。戦争の社会変革作用によって、格差は是正に向かう。

戦時下の束の間の夢

戦時下、食糧増産は国家の至上命令となる。一九三八年、農地調整法が成立する。政府は小作農民に対するインセンティヴとして、小作料の段階的減免を実施する。戦争前と比較すれば、地主に対する小作農民の地位が向上する。格差は是正される。

日中戦争の拡大は、一方では戦争景気にともなう完全雇用の達成と、他方では重化学工業化にともなう工業労働力の不足をもたらす。労働力不足は「戦時社会政策」を促す。たとえば一九三九年には労働者の就業時間の上限を一日一二時間とする工場就業時間制限令が公布される（高岡、前掲書）。一九三一年の民間工場労働者の実際就業時間が月二四八時間（一日約一〇時間、「サービス残業」を含まない）だったから、戦時下であっても平時並みかそれ以下に抑える政策意図だった。さらに労働力の需給バランスの不均衡が賃金の上昇をもたらす。たとえば日雇い労働者の日給（全国平均）は、昭和九年に一・三一円だったのが昭和一四年には一・九七円へと約一・五倍になっている。あるいは大工手間賃（東京におけるひとり一日当たりの年平均）は、昭和一〇年＝一・八九円が五年後の昭和一五年＝三・三六円へと約一・八倍になっている。こうして労働者と資本家との格差は是正される。

しかしこのような戦時下の格差是正が長くつづくことはなかった。日中戦争から日米戦争へ拡大する過程で、急速に戦況が悪化していく。それでも食糧増産を求められる。離農者が増加する。専業農家が減少する。耕地返還や耕作の粗放化が進む。戦時統制経済の強化は一九三九年の賃金臨時措置令を生む。この年の九月一八日をもって賃金の引き上げを禁止する措置は、工場労働者の職場の荒廃をもたらす。賃金は抑制されるのに、戦時インフレ経済によって、物価が上がる。労働者の生活は困窮する。当時の労働現場はつぎのような有様だった。「労働に対する熱意は冷却し、職場内の空気は合法サボ状態ともいうべき険悪さを極めた」。あるいは入社数よりも退社数の方が一二パーセントも多い工場の例

「贅沢は敵だ」

もあった（高岡、前掲書）。
それでも格差の是正を求めることは、社会が下方平準化する（等しく貧しくなる）ことを意味した。戦意高揚を目的とする官製国民運動＝国民精神総動員運動のもっとも広範に受け入れられたスローガン「贅沢は敵だ」は、下流階層から上流階層に投げかけられた非難の声だった。しかし下流階層が等しく貧しくなることを実感することなく、戦争は終わる。戦時下の下流階層の上昇感は束の間の夢にすぎなかった。社会階層間の分断線も消えることはなかった。戦争が持つ格差を是正する社会的な力への期待は裏切られた。格差を是正する試みは挫折した。

格差是正の実現可能性は平和と民主主義の程度による。戦前昭和の平和と民主主義の時代＝政党内閣の時代に社会政策の実現が遅れたことは、「戦争とファシズム」の時代を招く誘因となった。社会政策の実現の速度と規模をめぐって、政党が競うことによって、格差を是正する。戦前昭和の歴史はこのことの重要性を示唆している。

Ⅵ章　政党——なぜ政党内閣は短命に終わったのか？

〈なぜ戦前昭和の政党内閣は短期間のうちに崩壊したのか？〉

昭和時代が始まった時、すでに政党内閣は成立していた。一九一八（大正七）年の日本史上初の本格的な政党内閣＝原敬《はらたかし》の立憲政友会内閣の成立から一〇年近くが経過していた。その時の内閣は憲政会（のちの立憲民政党）の若槻《わかつき》（礼次郎《れいじろう》）内閣である。若槻はのちに再度、首相の座に就くことになる。

政党内閣が長くつづくことはなかった。一九三二（昭和七）年の五・一五事件によって政友会の犬養（毅）内閣が崩壊すると、戦前昭和の政党内閣の歴史はそこで終わる。〈なぜ戦前昭和の政党内閣は短期間のうちに崩壊したのか？〉この疑問に対するもっともわかりやすい答は、軍部の台頭だろう。軍部によるテロとクーデタが政党内閣崩壊の要因ということになる。

しかし政友会の犬養内閣崩壊後、「軍部独裁」政権が成立したのではない。首相の座に就いたのは、ロンドン海軍軍縮条約に賛成した「穏健派」の海軍大将斎藤実だった。そのつぎの首相も同様の岡田啓介である。斎藤・岡田両内閣の時期に政党内閣復活の可能性が生まれた。

斎藤内閣には政友会と民政党の出身者がそれぞれ三人入閣している。非政党内閣ではあっても政党の支えがあった。この内閣が危機の鎮静に成功すれば、つぎは政党内閣の復活となる。政党内閣の復活は、具体的には衆議院で第一党の政友会の単独内閣か政民協力内閣かのいずれかの選択があった。ところが実際にはつぎも非政党内閣だった。

それでも政党内閣の復活の可能性があった。民政党が岡田内閣の与党化し、岡田内閣は無産政党にも接近したからである。岡田内閣のつぎは従来の二大政党制の復活とは異なる枠組みの政党内閣の可能性があった。これまでの研究は以上のように指摘している。そうだとすれば、政党内閣の崩壊は、軍部の台頭以外の要因を探らなければならない。

〈なぜ戦前昭和の政党内閣は短期間のうちに崩壊したのか?〉この疑問に答える今日までのところもっとも信頼できる研究は、村井良太『政党内閣制の展開と崩壊　一九二七~三六年』である。同書は指摘する。「政党内閣制の成立が不十分であったから崩壊したのではなく、政党内閣制が強固に成立していたからこそ、その展開過程における状況の変化の中で強固で執拗な挑戦を受け、崩壊させられたのである」。

帝国憲法システム

なぜ政党内閣制は「強固に成立していた」といえるのか。政党内閣制が受けた「強固で執拗な挑戦」とは何か。同書を手がかりにこれまでの研究の知見を整理する。

天皇主権の帝国憲法は政党内閣制を前提としていない。それなのになぜ政党内閣制が成立したのか。この疑問に対する通説的な見解は、三谷太一郎「政党内閣期の条件」が打ち立てている。帝国憲法は天皇主権と天皇の無答責性を特徴とする。天皇主権を定めているからといって、天皇親政となれば、天皇は個別の政策判断の責任を負うことになる。たとえば天皇が開戦を決定してその戦争に敗けるようなことになれば、敗戦責任を負うことになる。

そうならないように、天皇は大権を直接行使しない。代わりに外交大権＝外務省、統帥大権＝参謀本部というように、帝国憲法は天皇大権を国家機関に委任する形式をとる。各国家機関は対等で、権力のチェックアンドバランス（抑制と均衡）が機能する。帝国憲法は高度な分権システムだった。

この高度な分権システムのなかで、仮に参謀本部の開戦論と外務省の非開戦論が対立した場合、どちらも対等であって、決定できなくなる。天皇の無答責性の観点からすれば、天皇が決定することもできない。

そこで国家意思の代行をおこなったのが藩閥政府だった。藩閥政府とは旧薩摩・長州藩出身の明治維新の推進者集団を指す。

しかし時の経過とともに、藩閥政府は自ずと解体していく。明治維新の功労者たちもひとりまたひとりと世を去るからである。残された数少ない人が今度は元老の立場に立って、天皇の代わりに意思決定をおこなう時代がつづく。元老は帝国憲法で規定された政治的な立場ではない。その元老も昭和になると西園寺公望ひとりとなる。西園寺もいつかは役を退く。元老制度もつづかなくなる。政治が機能を停止することになりかねない。そうならないように別の政治勢力＝政党が元老の代替をするようになる。このように政党内閣制は「帝国憲法の必然的所産」だった。

要するに高度な分権システム＝帝国憲法システムを動かすことができるのは、政党以外になかった。政党内閣制が「強固に成立していた」とは、このことを意味する。

外からの要因と内からの要因

これほどまでに「強固」だったはずの政党内閣制が崩壊するのは、外からの要因と内からの要因があったからである。

外からの要因（外在的要因）とは、世界恐慌のような経済危機や一九三〇年代の国際危機を指す。経済危機あるいは国際危機は、政党が自ら招いたのではなくても、崩壊の要因の一つだった。

内からの要因（内在的要因）とは、つぎの二つのことを指す。一つは軍部や官僚などの非選出勢力（国民から選挙によって選ばれたのではない政党外の政治勢力）の要因である。もう一つは選出勢力（国民から選挙によって選ばれた政治勢力＝政党）の要因である。

軍部といっても政党の政治運営に挑戦しつづけたのではない。軍部の方から政党に接近することすらあった。それがたとえば陸軍大将田中義一を首相とする政友会内閣の成立である。官僚も同様だった。民政党内閣を組織した若槻礼次郎や浜口雄幸は官僚出身の首相である。また選出勢力＝政党勢力の要因としては、自ら招いた政治的腐敗や党利党略によって自壊することも含まれる。

外からの要因と内からの要因が一時に押し寄せるようなことになれば、政党内閣制は一たまりもないだろう。しかし昭和戦前期は違った。そうだからこそ犬養の政友会内閣の崩壊後も政党内閣制の復活の可能性があった。

以下では外からの要因と内からの要因をとおして、政党内閣制の確立・展開・崩壊の過程を再現する。

憲政会内閣から政友会内閣へ

昭和初年当時、政権を率いていたのは、憲政会の若槻（礼次郎）首相である。第一次世界大戦後の反動不況によって、日本経済は長期低迷がつづいていた。そこへ金融恐慌が襲う。若槻内閣は金融危機の鎮静に失敗して倒壊する。

事実上の首相選定権者は、最後の元老＝西園寺公望だった。近年の研究によって明らかになっているように、西園寺は政党内閣の連続による定着をめざしていた（筒井清忠編『昭和史講義』）。西園寺が首相に選んだのは政友会総裁で陸軍大将の田中義一だった。

田中は高橋（是清）蔵相に金融危機の鎮静を託す。高橋は自信があった。「私の見込みでは三、四十日で一通り財界の安定策を立つることが出来ると考えた」（高橋是清『随想録』）。事実、そうなっていく。田中内閣は金融危機の鎮静に成功する。

田中の政友会内閣は外交・安全保障の分野でも成果を上げる。

西園寺公望（国立国会図書館蔵）

蒋介石の国民党が軍事力によって中国の統一をめざして、北京へと北上していた（北伐）。この北伐の途中で事件が起きる。国民党軍が外国領事館を襲って、略奪や暴行、放火をおこなう。居留民の生命・財産や条約で認められた日本の「満蒙特殊権益」（旅順・大連の租借地と南満州鉄道およびこの鉄道の付属地）が危険にさらされる。田中は山東半島への出兵（山東出兵）を決断する。日米英三国協調の枠組みのなかの山東出兵は、つぎの三つの意図があった。第一に山東出兵は目的限定的であること、第二に北伐にともなう中国国内の軍事対立に対して不干渉の立場をとること、第三に目的達成後は短期間で速やかに完全撤退すること。この年（一九二七〈昭和二〉年）六月に始まった山東出兵は、目的を達成すると、九月には撤兵した。山東出兵によって、中国をめぐる田中内閣の安全保障政策は成果を上げた。

翌一九二八（昭和三）年八月の不戦条約の調印も日米英三国協調の枠組みにおいて実現した。不戦条約の第一条に「人民の名に於て」との文言があった。天皇主権の帝国日本が「人民の名に於て」調印していいのか。国内で反対が巻き起こる。この文言は日本には適用されないとの留保条件を付けることで、田中内閣は不戦条約問題を乗り切る。田中の政友会内閣の外交は対米英協調外交だった。

原（敬）内閣の負の遺産

他方で田中の政友会内閣は、「平民宰相」原敬の政友会内閣の負の遺産を引き継いでいた。一九一八（大正七）年に成立した原内閣は政党内閣が慣行化する端緒となった。しかし衆議院に対して絶対多数の与党を擁する原首相の「傲岸不屈」な態度は、国民に「少なからぬ反感、憎悪を挑発する結果」となった（岡義武『転換期の大正』）。原内閣の下で疑獄事件が多発する。さらに原は普通選挙＝時期尚早論の立場だった。

第一次世界大戦後の世界的なデモクラシー状況の進展は、日本にも軍縮と国際協調外交をもたらす。軍縮と国際協調外交は軍人の社会的な地位を失墜させる。「軍人憎悪の念」が高まる（同書）。このような社会状況のなかで、陸軍大将の田中が政友会の総裁の座に就いたのは、陸軍の組織利益を守ることが目的だった。

田中の政友会内閣は、遅ればせながら、一九二八（昭和三）年二月二〇日に、史上初の男子普選として、衆議院総選挙を実施する。獲得議席数の結果は、政友会二一七、民政党二一六、社会民衆党四、日本労農党一、労働農民党二、そのほかの少数政党の合計七となった。議席数では政友会が第一党だった。しかし総得票数は民政党が上回った。他方で社会民主主義政党がはじめて議会に進出した。二大政党はどちらも過半数を獲得することができなかった。田中内閣の不安定な政治運営がつづく。

そこへ六月四日、張作霖爆殺事件が起きる。事件の首謀者たちと田中の立場は異なっていた。首謀者たちは東三省（満州）の地方軍閥の張作霖を排除して、蔣介石の国民政府から独立した新政権を打ち立てる意図だった。対する田中は、張作霖をとおしての間接支配に止めて、蔣介石の北伐を容認していた。

自己の考えとは異なる首謀者たちの行動に対して、一度は厳しい処罰を与えようとしながら、陸軍の組織利益の擁護とのあいだで板挟みになった田中は、対応できずに翌年、辞任する。元老西園寺が後継に選んだのは、衆議院で第二党の民政党の浜口雄幸だった。

緊縮財政と協調外交

浜口内閣は緊縮財政・金本位制復帰と協調外交を掲げる。緊縮財政に聖域はなかった。官吏一割減俸案もその一つである。軍事費も例外ではなかった。軍縮を進めるのであれば、協調外交も進める。そこへ一〇月二四日、ウォールストリートのニューヨーク株式市場が大暴落する。「暗黒の木曜日」が訪れる。それでも浜口内閣は、緊縮財政・金本位制復帰を進める。緊縮財政の観点からも翌年一月からのロンドン海軍軍縮条約交渉に参加する。

浜口内閣は一九三〇(昭和五)年二月二〇日に衆議院総選挙を迎える。結果は四六六議席中、民政党二七三、政友会一七四で、与党民政党が過半数を獲得する。民政党の圧勝だった。

さらに難航した日英米三国間交渉を経て、ロンドン海軍軍縮条約が調印に至る。浜口内閣は国会での批准をめぐって強行突破する。戦前昭和のデモクラシーと協調外交は頂点に達したかのようだった。

その時、浜口首相狙撃事件が起きる。一一月一四日、浜口は東京駅の駅頭で民間右翼団体の愛国社の佐郷屋《さごうや》留雄《とめお》に撃たれる。佐郷屋のテロの理由は、浜口内閣のロンドン海軍軍縮条約の強行と世界恐慌下での金解禁による経済危機の招来だった。戦前昭和のデモクラシーと協調外交は強固であり、合法的な手段で倒すことが困難になっていた。そうだからこそ佐郷屋はテロに訴えた。

東京駅で狙撃された浜口雄幸

重傷を負った浜口に代わって首相代理を務めた幣原《しではら》（喜重郎《きじゅうろう》）は、衆議院の絶対多数を背景に、政友会からの論戦に応じなかった。政友会は「多数党横暴」と非難した。議場では与野党議員が乱闘を演じた。国民は政友会と民政党の二大政党制に懐疑の念を抱くようになる。このような政情に対する国民の声を代弁して、『東洋経済新報』主筆の石橋湛山《いしばしたんざん》はつぎのように政党政治を批判している。「首相は職を曠《むなし》うし、政府の言に信なく、議会は愚弄せられ、国民を代表する代議士は暴力団化する。以上を一言に括れば、殆ど乱世的事相とも評して差支あるまい」。二大政党の信用は地に堕ちていた。

症状の悪化にともなって、浜口は辞任する。後継はかつて憲政会内閣を組織した若槻礼次郎だった。一九三一（昭和六）年四月一四日に成立した若槻の民政党内閣は、蔵相と外相が留任している。緊縮財政と協調外交の基本路線に変わりはなかった。

三つの危機

若槻内閣も緊縮財政を進める。それでも昭和恐慌は深刻になる一方だった。経済危機が社会不安を引き起こす。

満州事変が起きたのはこの時だった。一九三一（昭和六）年九月一八日に勃発した満州事変は、テロとクーデタを招く。それが参謀本部の将校によるクーデタ未遂事件の十月事件だった。

三つの危機（経済危機・対外危機・国内危機）が一時に押し寄せる。政党内閣の存続が危ぶまれる。ここに浮上したのが協力内閣構想である。挑戦を受けていたのは民政党内閣だけでなく、政党内閣制そのものだった。このような危機感は政友会と民政党を相互に接近させる。二大政党による協力内閣構想が具体化する。

しかしこの構想が実現することはなかった。その大きな理由の一つは、井上《いのうえ》（準之助《じゅんのすけ》）蔵相と幣原外相が最初から反対だったからである。彼らは民政党内閣が単独で危機を克服できると考えた。実際は違った。若槻が幣原と井上に協力内閣構想を打診すると、ふたりは強く反対した。「若し政友会と連合すれば、金の輸出禁止の建前をとっている財政方針も、又善隣政策をとっている外交方針も、ともに変更せねばならぬ。自分たちはいまのまが国家のために利益だと思って一生懸命に努力しているのに、一朝にしてそれを投げうつようなことには断じて賛成できない」。幣原と井上の反対によって協力内閣構想は閣内不一致を招く。ここに若槻の民政党内閣は総辞職する。

犬養（毅）政友会内閣の倒壊とその後

政権は政友会に転がり込む。犬養毅の政友会内閣は、積極財政と金本位制からの離脱によって、経済危機の克服に向かって大きく前進する。

しかし満州事変は拡大し満州国の建国に至る。一九三二（昭和七）年一月には上海事変が起きる。犬養内閣に対外危機を克服する術はなかった。

国内危機も深刻の度を増す。二月九日、右翼団体の血盟団員が井上前蔵相を暗殺す

血盟団事件の関係者（一番左が井上日召）
（1930年、朝日新聞社提供）

る。三月五日、別の血盟団員が団琢磨《だんたくま》三井合名会社理事長を暗殺する。テロの頻発はクーデタを予想させる。五月一五日、事件が起きる。海軍青年将校、陸軍士官学校候補生、農本主義の民間右翼団体愛郷塾の塾生たちがテロとクーデタを起こす。政友会本部や三菱銀行、変電所が襲撃されただけではなかった。犬養首相が暗殺された。政友会内閣は倒壊する。つぎの内閣は政党内閣ではなかった。ここに戦前昭和の政党内閣の時代は終わる。

戦前昭和の政党内閣制の歴史をたどるのであれば、犬養内閣の倒壊をもって終わるのでよいだろう。他方でこれまでの研究は、ここで終わることなく、別の画期を求めて議論を展開してきた。別の画期とは、たとえば一九三六（昭和一一）年の二・二六事件であり、あるいは一九三七（昭和一二）年七月七日の日中全面戦争の勃発である。ここでは戦前昭和の政党の歴史を論じるのが目的だから、すべての政党の解党と大政翼賛会の成立をみた一九四〇（昭和一五）年まで記述を延伸する。

政党内閣復活の可能性

政党内閣制の崩壊の画期を五・一五事件よりもあとに求めるのは、犬養内閣の後継も政友会内閣になると同時代の知識人や民意が考えていたからである。それにもかかわらず、ロンドン海軍軍縮条約に賛成した海軍「穏健派」の斎藤実大将を首相に選定したのは、もっぱら西園寺の判断による（村井『政党内閣制の成立と崩壊』）。しかし党利党略の二大政党に対する批判が非合法手段の誘発を招いた以上、犬養内閣の後継も政友会内閣とすれば、五・一五事件と類似するテロとクーデタが再発しかねなかった。

斎藤内閣の閣僚の構成は、二大政党出身者を同数入閣させている。斎藤内閣は危機の時代の挙国一致内閣と呼んでもよかった。

満州事変の拡大は一九三三（昭和八）年五月末の日中停戦協定の成立によって大きな区切りがつく。

満州事変にともなう対外危機も、同年三月に国際連盟からの脱退を通告したことによって、かえって鎮静に向かう。満州事変が国際問題化して国際連盟に持ち込まれたことは、国際連盟側の対応をむずかしくした。中国の主張はもっともだった。他方で日本は常任理事国である。日本を非難すれば済む問題ではない。国際連盟の主要国＝日本が失われることは、国際連盟の威信の失墜につながりかねなかったからである。そこへ日本が自ら脱退の意思表示をおこなう。国際連盟にとって渡りに船だった。国際連盟はこの問題から手を引く。対する日本は、脱退後も軍縮会議や非加盟国でも参加資格のある国際会議への残留をもって応じる。こうして国際連盟との緊張関係は緩和する。

以上のような対外危機の鎮静化は国内で政党による軍部批判の台頭をもたらす。政党内閣復活の可能性が生まれる。

政党内閣は二つの方向から復活の可能性があった。一つは衆議院で過半数の三〇一議席を擁する政友会の単独内閣である。もう一つは二大政党による協力内閣である。

西園寺が選択したのは、どちらでもなく、非政党内閣の継続だった。一九三四（昭和九）年七月、斎藤と同様にロンドン海軍軍縮条約に賛成した海軍大将岡田啓介が首相の座に就く。岡田内閣には政友会から三名、民政党から二名が入閣する。岡田内閣に対して野党的な立場に立つことを鮮明にした政友会は、三名の入閣者の除名処分に踏み切る。岡田内閣は民政党が与党的な立場に立ち、無産政党とも閣外協力をしながら、陸軍派閥対立の間隙をぬって、軍部にも接近する。対する政友会は、天皇機関説問題（政府公認の憲法学説である天皇＝国家機関説をめぐる国内対立）の政治利用も辞さず、岡田内閣の倒閣をめざす。

このような政党政治の展開に対する国民の判断は、一九三六（昭和一一）年二月二〇日の衆議院総選挙の結果が示している。第一党は民政党の二〇五、第二党は政友会の一七一、無産政党は社会大衆党が一八と躍進する。国民は単独の政党内閣の復活よりも岡田内閣の協力内閣化を求めたと解釈できる総選挙の結果になっている。

ところがこの総選挙から六日後、二・二六事件が起きる。岡田首相は引責辞任する。代わりに前外相の広田弘毅が首相の座に就く。政党内閣制の歴史における画期として二・二六事件を重視する研究は、この時、政党の「復原力」（政党内閣に復帰する力）が失われたと指摘している（村井、前掲書）。暫定内閣を自認する広田にとって、本命の首相は近衛文麿だった。

旧政党勢力の「復原力」

広田内閣も後継の陸軍大将林銑十郎の内閣も短命に終わる。つぎに本命の近衛が首相の座に就く。戦前昭和は大衆民主主義とポピュリズム（大衆の人気による政治）の時代だった（筒井清忠『戦前日本のポピュリズム』）。近衛はこのような政治社会状況にもっともよく適応する首相となる。

組閣の翌月、日中全面戦争が勃発する。和平に失敗して辞任したあとも、平沼《ひらぬま》（騏一郎《きいちろう》）・阿部《あべ》（信行《のぶゆき》）・米内《よない》（光政《みつまさ》）の三つの内閣を経て、再び首相の座に返り咲く。近衛は政党政治に代わる体制統合の主体として、大政翼賛会を発足させる。すべての政党は自ら解党し、大政翼賛会に馳せ参じる。ここに戦前昭和の政党の歴史は終わる。

戦前昭和の政党内閣が短期間のうちに崩壊したのは、直接には一九三〇年代の外からの要因と内からの要因があったからである。外からの要因の経済危機と対外危機が鎮静に向かえば、政党内閣復活の可能性も生まれる。政党の自浄作用は、有権者の理解を得られる。一九三六年二月二〇日と翌年四月三〇日の衆議院総選挙では政友会と民政党の二大政党が全議席の七五から八〇パーセントを占めている。

しかし二大政党を中心とする政党内閣が復活するには、もう一つの内からの要因を克服しなければならなかった。もう一つの内からの要因の克服とは、軍部や官僚などの非選出勢力との調整を指す。選出勢力＝政党と政治的な自立性を強める非選出勢力＝軍部・官僚との調整は難航する。ここに政党は政党内閣の復活よりも大政翼賛会に賭ける。

大政翼賛会の成立によって政党内閣制の「復原力」が完全に失われたことは疑問の余地がない。しかし政党の「復原力」については留保が必要である。大政翼賛会は、帝国憲法違反となることをおそれて、一国一党制ではない政治体制として生まれた。このような大政翼賛会に体制統合の力はなかった。大政翼賛会のなかに残存する旧政党勢力が息を吹き返す。そのような可能性が一九四二（昭和一七）年四月三〇日の衆議院総選挙（翼賛選挙）

の際に訪れる。非推薦候補の当選者数は全体の約二割に止まったものの、旧二大政党（政友会・民政党）系の現職がつぎつぎと選挙区のトップで再選される。翼賛体制は脆弱だった。これらの旧政党勢力は、敗戦とともに、復活することになる。

Ⅶ章　官僚——なぜ官僚が権力の中枢を占めるようになったのか？

官僚体制

官僚は強いのか、弱いのか。今日の安倍（晋三）内閣の日本では、官邸の政治主導が官僚をコントロールしている。この意味で官僚は弱い。他方で以前の民主党政権が「脱官僚政治」を掲げていたように、官僚は強かった。戦前昭和の官僚は強かったのか、弱かったのか。戦前と戦後の連続・断絶との関連で考える。

戦前昭和＝「戦争とファシズム」対戦後昭和＝「平和と民主主義」の対立図式を前提とすれば、昭和史が一九四五（昭和二〇）年八月一五日で断絶していることは自明である。帝国憲法と日本国憲法の違いを指摘するまでもなく、政治体制の変動は革命に似るほど大きい。

自明でないことを求めて、研究は戦前と戦後の連続の側面の方により強い関心を持つ。戦前＝戦後〈連続〉説は、歴史学よりも経済学の著作によって、広く知られるようになった。その著作が野口悠紀雄『１９４０年体制』である。「現在の日本経済を構成する主要な要素は、戦時期に作られた」との仮説を検証する同書は、「日本の経済体制はいまだに戦時体制である」ことを指摘する。一九四〇年前後におこなわれた戦時経済体制の確立をめざす諸制度改革が今日に至る日本経済の基本的な枠組みとなっている。このように分析する同書は昭和史＝〈連続〉説の立場である。

同書は「１９４０年体制」を「官僚体制」と言い換える。戦争によって戦前の国家体制が崩壊したにもかかわらず、「官僚体制」は生き残った。戦前昭和の首相で非官僚（軍事官僚を含む）出身者は犬養毅と近衛文麿のふたりだけである。なぜ昭和史において官僚は強かったのか。以下では戦前昭和における官僚の政治支配の歴史を振り返る。

政党内閣下の官僚

戦前昭和の政党内閣期の政党は、地方利益の誘導や個別利益の拡大をとおして、有権者の支持の獲得をめざした。勢いのおもむくところ、政党内閣下の国家予算の膨張が避けがたくなる。

ところが当時の日本は、第一次世界大戦後の反動不況と経済の低迷に陥っていた。大蔵省出身の若槻（礼次郎）首相の憲政会内閣は、緊縮財政によって経済停滞から抜け出そうと試みる。予算統制の強化に当たったのは、大蔵省主計局である。一九二七年度の予算編成の際に、憲政会の国会議員斎藤隆夫《さいとうたかお》らは、早速《はやみ》（整爾《せいじ》）蔵相に地方利益（道路などの産業基盤の整備や地方経済振興策、農村救済策など）の拡大を要求した。しかし早速蔵相は拒絶する。大蔵省主計局は、新規要求額二億八〇〇〇万円に対して、二億円もの大幅な減額査定をもって応じる（若月剛史『戦前日本の政党内閣と官僚制』）。政党内閣の基本政策を支えたのは官僚だった。

つぎの政友会の田中（義一）内閣になると様子が変わる。陸軍出身の田中が政友会に入ってでも守ろうとしたのは、陸軍の組織利益だった。さらに政友会は「産業立国」を国家目標に掲げている。予算要求は膨張する。

膨張を抑制するのは大蔵省である。新規要求を大幅に絞り込む大蔵省に対して、各省庁は強硬に予算の復活を要求する。抑制と膨張、どちらにしても官僚の役割が重要になる。大蔵省の予算統制には主要閣僚も反対する。山本《やまもと》（悌二郎《ていじろう》）農相の自作農創設維持案や小川《おがわ》（平吉《へいきち》）鉄相の鉄道公債増発要求などである。田中内閣下では「予算分捕り」現象が起きる（同書）。

田中内閣のつぎは民政党の浜口（雄幸）内閣だった。浜口内閣も若槻内閣と同様に緊縮財政で臨む。状況は危機的だった。国際貿易は輸出入ともに半減、失業者数（推定）一〇〇万人、工業会社の利益率も一二・三パーセント（昭和四年上期）から二・三パーセント（昭和五年下期）へ急落している。日本経済は昭和恐慌に沈んでいた。大蔵官僚出身の浜口は緊縮財政を主導する。

浜口にとって緊縮財政に聖域はなかった。軍事費もそうである。浜口内閣はロンドン海軍軍縮条約を締結する。

軍事費の削減に成果を上げた浜口であっても、官僚組織は違った。一九二九（昭和四）年一〇月一五日、浜口内閣は全官吏の一割減俸を声明する。ところが司法省・鉄道省官吏らの反対運動が起きる。たとえば裁判所書記（東京控訴院検事局書記一同）は、自分たちの窮状をつぎのように訴えている。「我等裁判所書記は行政官吏に比し、低率なる待遇の下に忠実に勤労努力し来れり、然るに今回減俸により更に切詰たる生活をも脅威せられんとす」。官吏の反対運動は功を奏する。声明は一〇月二二日に撤回される。こうして官僚の存在感が高まる。

官吏減俸に反対する国鉄従業員（1931年、朝日新聞社提供）

浜口の後継も民政党内閣だった。再び首相の座に就いた若槻は、一九三一（昭和六）年五月一六日、六月一日からの減俸実施の意思を明確にする。再び反対運動が起きる。鉄道省の反対運動は、鉄相から譲歩を引き出す。鉄相が提示したのは、賞与や諸手当を減額しないこと、退職金の永久性を確認すること、自然減員以外の人員整理をおこなわないことの三項目だった。このような鉄道省やさきの司法省だけでなく、逓信省も待遇改善を勝ち取る。官僚組織は官吏減俸問題を奇貨として、政治的発言力を強めていく。

民政党の大蔵官僚出身者を首相とする二つの内閣のつぎは、非官僚出身者の犬養毅の政友会内閣だった。民政党内閣の緊縮財政を批判して、犬養内閣は積極政策を掲げる。犬養内閣の恐慌対策は、積極政策と金本位制からの離脱だった。この恐慌対策は功を奏しはじめる。

他方で積極政策は、大蔵省の予算統制方針を鈍らせる。「予算分捕り」が改まることはなく、「各省割拠」が進む（若月、前掲書）。犬養内閣は問題を抱えたまま、五・一五事件によって崩壊する。

台頭する革新官僚

政党内閣の崩壊後、ふたりの海軍出身者を首相とする非政党内閣がつづく。斎藤実も岡田啓介もロンドン海軍軍縮条約に賛成した「穏健派」である。

これら二つの非政党内閣期において、官僚の台頭が顕著になる。彼らは革新官僚と呼ばれるようになる。革新官僚に関する古典的な研究によれば、彼らは大正末年前後に東京帝国大学を卒業後、中央官庁の官僚となり、「進んで国家改造の技術者・エンジニアであらねばならぬというエトスの持主」だった（橋川文三『昭和ナショナリズムの諸相』）。

同時代において、憲法学の宮澤俊義《みやざわとしよし》東大教授は、彼らが台頭する様子をつぎのように描写している。「満州事件にはじまるこの『非常時』のおかげでいちばん損をしたのが政党だとすると、いちばん得をしたのは官僚だといわれる。そして、官僚の復活だの、官僚政治の再生だのという文句があちこちでさかんに使われる」。宮澤は斎藤内閣を「官僚内閣」と表現している。

行政学の蠟山政道《ろうやままさみち》東大教授も同様の見立てである。蠟山は原敬の政友会内閣の成立後における官僚に対する政党の優位をつぎのように表現する。「国家の重心に移動が生じ、官僚から政党へと政治の焦点が転移したに過ぎぬ」。ところが「政党政治のその後の実績を見るに、その大半は官僚政府の事業」である。このように蠟山は、政党内閣の下ではあっても、官僚主導の政治がつづいていると強調している。

革新官僚といっても、最初からそのような政治グループが形成されていたのではない。のちに革新官僚と呼ばれるようになる迫水久常《さこみずひさつね》は、東京帝大卒、大蔵省入省後、外国為替管理部に配属された。岡田啓介の女婿だった迫水は、岡田の首相秘書官を務めることになる。迫水の回想によれば、秘書官就任は「一時のわき道」だった。ところが実際にはその後も重要な役割を果たすことになる。

革新官僚が政治グループとなって活動するようになる拠点は、内閣調査局だった。一九三五（昭和一〇）年五月、岡田内閣は内閣審議会を設置する。内閣審議会とは、政党、財界、学識経験者、閣僚を構成メンバーとする基本国策の策定機関のことを指す。内閣調査局はこの内閣審議会の下に内閣の外局として設置される。各省から若手の官僚が内閣調査局に集まる。陸軍省と海軍省からも有能な人材が派遣される。

農林省の和田博雄《わだひろお》や逓信省の奥村喜和男《おくむらきわお》と陸軍の鈴木貞一《すずきていいち》大佐は、内閣調査局に集まった目的が違っていた。一九〇三年生まれの和田は、一九二五年に東大法学部卒業後、翌年農林省に入省する。すぐに頭角を現して、省内のホープと目されるようになる。一九〇〇年生まれで和田と同年に同じ東大法学部を卒業、同年に逓信省に入省した奥村も同様のエリートである。彼ら革新官僚は、和田がそうだったように、農村の貧困問題や労働政策、あるいは奥村がそうだったように電力国営化に関心があった。対する鈴木は「高度国防国家」の建設をめざしていた。一八八八年生まれで陸軍大学校卒業の鈴木は、陸軍の主要部門を歴任するエリートだった。

和田や奥村、鈴木は、第一次世界大戦の衝撃から国家改造を目標にするようになったことで共通する。革新官僚たちは、何らかのかたちでロシア革命の影響を受けている。鈴木たちの軍部中堅層もそうである。第一次大戦後の世界的な国家総力戦体制化に対応して、「高度国防国家」を建設する。必要なのは、「民心が一つ」になることだ。そう考える鈴木は、国民の不平、格差の是正を国家による富の再分配によっておこなうことで、民心を一つにしようとする。鈴木は私有財産の制限や華族制度の廃止まで視野に入れている。内閣調査局に結集した彼らの思想は国家社会主義だった。

陸軍統制派・革新官僚・社会大衆党・民政党

格差是正をめぐる内閣調査局の具体的な政策構想のなかで、もっとも明確だったのが税制改革案である。一九三六（昭和一一）年九月発表の税制改革案の目的は、三つの不均衡（地方の負担の不均衡・動産と不動産のあいだの負担の不均衡・法人と個人のあいだの負担の不均衡）の是正だった。都市と比較して地方（農山漁村）の税負担が重かった。動産と比較して不動産に対する課税（とくに相続税）が軽かった。法人に対して個人の税負担が重かった。この改革案によれば、個人よりも法人に重い税を課し、法人所得税や資本利子課税を増税する、あるいは相続税を一〇割程度、増税することなどを示している。

内閣調査局に拠点を築いた陸軍統制派の中堅層と革新官僚は、社会大衆党との連携を模索している（坂野潤治『〈階級〉の日本近代史』）。国家総動員体制の確立をめざす陸軍統制派にとって、日本の国家社会主義化は望ましかった。社会大衆党にとっても疑似社会主義と

貴族院議員を辞職する美濃部達吉（1935年、朝日新聞社提供）

しての国家社会主義は悪くなかった。加えて民政党は岡田内閣に対して与党的な立場をとっていた。岡田内閣を支えていたのは、陸軍統制派・革新官僚・社会大衆党・民政党の連携関係だったことになる。

岡田内閣に対して野党的な立場をとる政友会や、統制派と対抗する皇道派（反共イデオロギーと対ソ戦早期開戦論の陸軍グループ）は、天皇機関説問題の政治利用によって、岡田内閣を追い詰める。天皇機関説とは、統治権は法人である国家に帰属（国家法人説）し、天皇は憲法に基づいてその権能を行使する国家の最高機関であるとの憲法学説を指す。一九三五（昭和一〇）年になると、この天皇機関説は「国体に対する緩慢なる謀反」との批判が高まるようになる。岡田内閣は譲歩しながらも、天皇機関説を否定しなかった。このことから天皇機関説は政治問題化した。

天皇機関説問題をめぐる攻防に対する国民の判断は、一九三六（昭和一一）年二月二〇日の衆議院総選挙の結果が示している。第一党は民政党の二〇五議席、社会大衆党は前回の無産政党五議席から一八議席へと躍進する。岡田内閣は信任された。迫水久常は言う。「選挙は勝ったのである」。二月二五日、首相官邸において祝賀会が開かれる。

国策研究会の改組

翌日の未明、迫水は総理官邸の裏門前にある秘書官官舎の二階で、前夜の選挙勝利祝賀会の疲れから、ぐっすり寝込んでいた。外が何だか騒がしい。護衛の警官の吹く呼子のするどい音と銃声が聞こえてきた。昨夜来の雪が降りつづいていた。はじめは何が起きたのかわからなかった。ほどなくして兵士たちが門や塀を乗り越えて官邸内に乱入する。銃声も起きる。迫水はようやく軍隊の襲撃であることに気づく。こうして二・二六事件が始まった。

このクーデタ事件は成功に向かうかのようだった。総理官邸の方から忠臣蔵さながら「万歳」の勝鬨《かちどき》が聞こえる。「万事休す」。迫水は観念する。ところが岡田首相は生きていた。迫水は一芝居を打つ。岡田は脱出に成功する。反乱軍が殺害したと思い込んだのは、岡田の義弟（松尾《まつお》伝蔵《でんぞう》）だった。岡田はある部屋の押し入れに潜んでいた。迫水は憲兵隊と連絡をとって、岡田と年恰好が似た何人かを含む弔問客を仕立て上げた。岡田はその弔問客のなかに紛れて官邸から脱出した。

　さらに反乱軍は三日間のうちに鎮圧される。二・二六事件の鎮圧は、統制派が首謀者の皇道派を排除したことを意味する。皇道派は没落する。代わりに統制派が勢いを増す。岡田内閣は責任をとって総辞職する。外務省出身の広田弘毅を首相とする内閣、統制派の林銑十郎の内閣とつづく。さらに一九三七（昭和一二）年四月三〇日、衆議院総選挙がおこなわれる。第一党になったのは民政党だった。社会大衆党は前回一八から三七議席へと倍増した。

　以上の二・二六事件の鎮圧から翌年四月三〇日の総選挙までの過程で明らかになったのは、革新官僚と結ぶ陸軍統制派と民政党および社会大衆党の影響力が増したことである。しかもこの間に内閣調査局からバトンを受け取るかのように、国策研究会が改組される。国策研究会とは一九三三（昭和八）年に組織された民間のシンクタンクのことを指す。発足時の会員名簿には天皇機関説の美濃部《みのべ》達吉《たつきち》東大名誉教授や奥村喜和男、社会大衆党の麻生久の名前が載っている。小野塚《おのづか》喜平次《きへいじ》東大総長も出席している。国策研究会を組織した矢《や》次《つぎ》一夫《かずお》（労働運動家で政界のフィクサー）によれば、会員は「学者的であるか、政治家であっても、なるべく学問的知識をもつ人物を中心としており、それに専門官吏と知識人という構成」だった。国策研究会は、日本の「国家社会主義」化政策を立案するようになる。

電力管理法と国家総動員法

国策研究会の改組後、ほどなくして近衛（文麿）内閣が成立する。近衛内閣の入閣者の一〇人が国策研究会の主要メンバーだった。

一〇人のうちのひとり、永井柳太郎《ながいりゅうたろう》は逓信大臣として入閣する。永井は電力管理法案の成立をめざす。この法案の目的は電気事業を国家管理の下に置くことだった。電力事業の国家管理とは、全国の発送変電施設を電気事業者から政府が決定権を持つ単一の企業へ統合することを指す。

国策研究会で電力国家管理問題の議論をリードしたのは、逓信省の革新官僚、奥村喜和男だった。新聞は奥村が起草した電力国家管理の国策文書をリークする。電力株が暴落する。それでも永井は、財界を敵に回しながら、近衛の強い決意に支えられ、社会大衆党も間接的に協力することで、一九三八（昭和一三）年四月六日、電力管理法の実現に成功する。永井は国民の支持があったことに自信を持つ。「私の最も恐れたのは、電力案の不成立によって、国民大衆の正義感を損うことであった。その失望がいかにわが国の進歩を阻止するであろうかの点であった」。電力国家管理は国民の「正義感」と国家の「進歩」によって正当化された。

前年から日中戦争が始まっていた。近衛内閣は戦時体制の構築を急ぐ。革新官僚に強い追い風が吹く。電力管理法の成立につづいて、五月五日に国家総動員法が施行される。国家総動員法は、きわめて広範な統制の権限を政府に与える。国民の徴用、労働条件、物資の生産・配給、企業活動、商品価格、運賃、保険料、新聞・出版物などが統制の対象となった（中村隆英『昭和史 Ⅰ』）。二大政党はドイツのナチスの授権法に等しいと非難した。たとえば民政党の斎藤隆夫は、「此立法は嘗《かつ》て独逸のナチス政府が採った所の立法と稍々《やや》相類似して居る所がある」と指摘した上で、国家総動員法を「憲法の一部変更、憲法の中止と何等《なんら》選ぶ所はない」と言い切っている。

他方で社会大衆党にとって国家による統制は、社会主義化への一歩前進だった。革新官僚が主導する国家総動員法の成立をとおして、社会大衆党と軍部の結びつきはさらに強くなった。

新体制運動

二年後の一九四〇（昭和一五）年六月、国策研究会は「綜合国策十年計画」を策定する。この政策文書は「公益優先」主義を掲げる。農業と工業、中小企業と大企業の格差を是正して「国民中堅層」の育成・発展に努める。統制の範囲は生活様式にも及ぶ。「奢侈的消費」の抑制、「遊興、観光及娯楽施設等」に対する適切な対策を講じる。さらに計画経済の実施には議会制度の改正と「挙国的」国民組織が必要となる。

以上の「綜合国策十年計画」の実施を革新官僚たちが期待したのは、七月二二日に再び首相の座に就いた近衛文麿だった。

近衛は新体制運動の開始を宣言する。近衛にとって新体制運動とは「公益優先の精神に帰一せしめんとする超政党の国民運動」のことを意味する。「公益優先」と明記されていることから明らかなように、新体制運動の理念は「綜合国策十年計画」の理念の借用だった。ついで議会制度の改正と「挙国的」国民組織を目標として、この年の一〇月一二日に近衛は大政翼賛会を設立する。ここに官僚主導の国家体制の確立は頂点に達したかのようだった。

しかしながら大政翼賛会は国家の統合機能を果たせなかった。大政翼賛会を突き詰めていけば、一国一党体制になる。一国一党制は帝国憲法に反する。大政翼賛会は、名称だけで、綱領も宣言もなかった。翌年二月、大政翼賛会は政治活動が禁止される。四月には改組される。大政翼賛会の機能は行政の補助機関でしかなくなる。

企画院事件

この頃の革新官僚たちが拠点にしていたのは企画院だった。企画院とは戦時統制経済の調査立案を担当する総合国策機関のことを指す。その組織上の起源は内閣調査局に求めることができる。

一九四〇（昭和一五）年、企画院は戦時統制経済体制に関する試案を作成している。原案の作成に当たったのは、陸軍の秋永月三《あきながつきぞう》や大蔵省出身の迫水らの企画院官僚たちだった。この試案は「利潤本位」から「生産本位」の経済への転換を目標に掲げている。この試案に批判が巻き起こる。財界出身の小林《こばやし》（一三《いちぞう》）商工大臣は岸《きし》（信介《のぶすけ》）次官を罷免する（中村隆英『昭和経済史』）。

さらに翌年、企画院事件が起きる。企画院内の革新官僚一七人が治安維持法違反容疑で逮捕される。一七人のなかには和田博雄もいた。彼らは戦時下において「高度国防国家」化を目的とする計画経済政策を立案していた。私企業の利潤追求を抑えて国家による生産力の拡充をめざす。経済界はこのような企画院の政策目標に強く反対した。右翼団体は革新官僚に「アカ」（共産主義者）と非難を浴びせた。社会主義化政策を立案していると誤解された企画院から革新官僚たちが排除される。

企画院事件によって革新官僚の影響力が失われたとしても、計画経済政策の必要性に変わりはなかった。戦争がつづくなかで総動員体制の極限を追求するとなれば、企画院で革新官僚たちが立案していた政策以外に方法はなかったからである。

東条（英機）政権下の体制の「赤化」

この年、首相は近衛から東条英機に代わる。革新官僚が権力の中枢から追放されたにもかかわらず、「赤化」への警戒はつづく。東条政権の総力戦体制下の「下降的均質化」（雨宮昭一『戦時戦後体制論』）が「赤化」にみえたからである。

東条の首相秘書官廣橋眞光《ひろはしただみつ》は、民心の把握に努める東条のエピソードを記している。「米配給所で応急米をもらって婆さんが喜んで之で助かりますと礼を云っているのに、事務員は何とも云わない。此の情景を見られて総理は事務員に向って、君も婆さんに礼を言いなさいと注意をされた」。大衆は東条に期待する。東条も「大衆は自分の味方なり」と胸を張る。

東条政権下の体制の「赤化」に危機感を抱いたひとりに岡田啓介がいる。岡田は反東条グループの有力なメンバーとなる。一九四三（昭和一八）年八月八日、岡田は反東条運動の手がかりを求めて、木戸幸一《きどこういち》内大臣と接触する。その際、岡田が木戸に遣わしたのは、よりにもよって革新官僚の迫水だった。「赤化」を進めるのも防ぐのも革新官僚だったことになる。反東条運動は成功する。翌年七月一八日に東条を退陣に追い込んだのは、筒井清忠『近衛文麿』によれば、岡田と近衛だった。

近衛上奏文

東条の退陣後も近衛の危機感はつづく。戦況の極端な悪化が危機感に拍車をかける。近衛は翌年二月一四日、「天機奉伺の際時局に関し」奏上する。この近衛上奏文の背景に「戦争による社会の平準化」があったことは、筒井前掲書が指摘するとおりである。

近衛上奏文は強調する。「国体護持の立場より最も憂うべきは、最悪なる事態よりも之に伴うて起ることあるべき共産革命なり」。敗戦よりも「共産革命」を恐れる根拠は何か。「生活の窮乏」や「労働者発言権の増大」を挙げる近衛が警戒したのは、戦時体制下の社会の平準化による疑似革命だった。

このような革命状況を推し進めようとしているのは、近衛によれば軍部内の「革新運動」と「所謂新官僚」の運動、さらには軍部や官僚を背後から操る「左翼分子」の「暗躍」だった。「左翼分子」の「暗躍」は誇張にすぎるとしても、軍部と官僚が「赤化」（総動員体制の極限の追求）を進めているのは事実だった。付言すると、企画院事件が起きたあとにもかかわらず、この上奏文のなかで、官僚への警戒心は、軍部や「左翼分子」と比較してみると、それほど強くない。上奏文は最大の障害を軍部の「革新運動」に見出していて、彼らを取り除けば官僚も影を潜めると述べている。官僚まで排除する必要はなかったことになる。

この時の天皇は、近衛と認識を共有するに至らなかった。「共産革命」が起きる前に降伏するといっても、「もう一度戦果を挙げてからでないと中々話は難しい」。天皇はそう答えている。

生きのびる官僚機構

しかし「もう一度戦果」を挙げる機会は訪れなかった。近衛上奏文から半年後、「共産革命」が起きる様子もなく、日本は降伏する。この降伏決定過程においても、革新官僚が一役買っている。二つの原爆投下とソ連参戦に直面しながら、継戦の意志が固い軍部を説き伏せるには天皇の決断を仰ぐほかなかった。鈴木（貫太郎）内閣の書記官長を務めていた迫水は一計を案じる。独断で御前会議開催の書類を宮中に提出する。軍部の当局者は迫水をなじる。それも後の祭りだった。「聖断」が下される。帝国日本は滅亡する。対する官僚機構は大きな痛手を負うことなく、戦後へ生きのびる。戦前昭和を主導したのは「文官・武官をとわず、結局天皇制下の官僚」だった（橋川、前掲書）。

戦前昭和の官僚が強かったのは、政党が弱かったことの裏返しである。政党内閣の下で立法＝政党と行政＝官僚の相互補完関係による政治の運用が機能すれば、日本の国家的な破局も回避できたかもしれない。政治主導の行きすぎを抑制しながら、行政の公共性を保持するには、選挙をとおしての国民の監視が求められる。戦前昭和の官僚の歴史は今の日本に何が不足しているかを示唆している。

Ⅷ章　外交——なぜ協調外交が戦争を招いたのか？

外務省＝善玉対軍部＝悪玉？

戦前昭和の外交は軍部の横槍によって国際協調が乱された。このようなイメージは満州事変の勃発（一九三一〈昭和六〉年九月一八日）の際の挿話を呼び起こす。満州事変の発端となった柳条湖《りゅうじょうこ》事件が起きると、森島《もりしま》（守人《もりと》）奉天総領事代理は軍の特務機関に駆けつけ、外交交渉による平和的な解決の必要を力説する。その場にいたのは料亭「菊文」から帰ってきた花谷《はなや》（正《ただし》）少佐である。花谷は森島の面前で軍刀を抜き、「統帥権に容喙する者は容赦しない」と威嚇した。この何度も引用される挿話は、外務省＝善玉に対して軍部＝悪玉の対立図式を導く。身に寸鉄も帯びない背広の外交官は、武器を持つ軍服の軍人を前に無力だった。そう思わせるのにじゅうぶんな挿話である。

外務省＝善玉を普及させたのは、広田弘毅の評伝小説＝城山三郎『落日燃ゆ』だろう。外交官出身で、斎藤（実）・岡田（啓介）両内閣の外相、一九三六（昭和一一）年に首相、翌年、今度は近衛（文麿）内閣の外相に就いている。戦前昭和においてもっとも長く外相を務めたのが広田である。

一八七八（明治一一）年に九州の福岡に石屋の長男として生まれた広田は、父の仕事を継ぐはずだった。ところが学業優秀で習字も上手だった広田は、知人から中学進学を勧められる。広田少年は県立修猷館《しゅうゆうかん》中学に進学する。三年になる時には一〇九人中二番の成績だった。広田は玄洋社で『論語』などの漢学や漢詩を学んだ。玄洋社が国家主義団体だったことからのちに広田は誤解されることになる。第一高等学校、東京帝大法科大学を経て、広田は外務省に入省する。同期に吉田茂《よしだしげる》がいる。

広田は戦後の東京裁判において、極刑に処せられた七人のA級戦犯のなかで唯一の文官出身者である。『落日燃ゆ』は広田の汚名をそそぎ、名誉を回復し、戦前昭和の外交を悲劇にまで高めている。

同書によれば、広田外交は「平和外交」である。広田の「平和外交」を妨げたのは何か。陸軍である。広田はつぎのように言ったという。「陸軍の出先は、何をやっているんだか、わけがわからん。実に困ったものだ」。『落日燃ゆ』において軍部は広田を憎んでいることになっている。城山は軍部が広田をつぎのように非難していたとする。「外務大臣は、平和ばかりを強調して、国防を無視している。閣議でも、軍部大臣を押えつけにかかっている」。

あるいは広田が側近につぎのようにつぶやいたと引用する。「長州のつくった憲法が日本を滅ぼすことになる」。同書は言う。「統帥権の独立を認めた明治憲法が、いつか大きな禍いとなることを、広田は予感していた」。

広田弘毅（国立国会図書館蔵）

統帥権の独立が広田の「平和外交」を妨げたとの認識は、満州事変勃発時の花谷の暴言と一致する。悪いのは統帥権を振りかざす軍部だったことになる。

『落日燃ゆ』を読めば、東京裁判におけるつぎのような弁護人の反駁に同意して、広田の無罪を確信するだろう。広田の弁護人は言う。南京事件の責任を問われること自体が「全く奇妙」だ。近衛内閣の外相を辞任したのは、中国における日本軍の行動に関して、首相と「見解を異にした」からである。広田内閣の「全期間中、日本は平和」だった。広田を起訴したこと自体が「大なる誤算」である（日暮吉延『東京裁判』）。『落日燃ゆ』は広田を悲劇の人として描く。この広田の人物像は今も揺らぐことなく確立している。

幣原（喜重郎）外交

悲劇の人広田に率いられた外務省は、統帥権を振りかざす軍部を前に、無力な善玉だったのか。このことに疑問を投げかけ、外務省の責任を明らかにしようとしたのが幣原喜重郎である。幣原は満州事変の勃発時に二度目の外相の座に就いていた。幣原の名は協調外交の象徴と呼ぶべきだろう。

一八七二（明治五）年に大阪の門真で豪農の次男として生まれた幣原は、外国人教員から英語を学ぶ教育で知られる大阪中学に進む。さらに第三高等学校から帝大法科大学を経て、一八九六年に外交官試験に合格して外交官になる。この年の合格者は四人だった。幣原はエリート中のエリート外交官のキャリアを歩む。幣原の英語は同僚の評価によれば「国宝級」で、アメリカの代表的な辞書ウェブスターを座右の書としてシェイクスピアを諳《そら》んじたことがよく知られている。

幣原喜重郎（国立国会図書館蔵）

幣原外交は三つの特徴を持つ。第一は対中国「内政不干渉主義」、第二は経済中心主義、第三は国際協調主義である。第一の特徴は北伐（蔣介石の国民党の武力による中国統一）に対する日本の無抵抗主義を生む。第二の特徴は一九三〇（昭和五）年の日華関税協定（日本が中国の関税自主権を承認する協定）の成立をもたらす。第三の特徴は同年のロンドン海軍軍縮条約の締結を実現させる。幣原外交は軍部や右翼などから「軟弱外交」との非難を浴びながらも、これらの実績を残す。対する広田外交は、第一の特徴に関連して、成果といえばせいぜいのところ一九三五（昭和一〇）年の信頼醸成措置の実施（日中公使館の大使館への昇格）程度だった。第二の特徴に関しては、日中「経済提携」政策を構想したものの、実行がともなわなかった。第三の特徴との関連では、広田外交の期間に日本はワシントン、ロンドン両海軍軍縮条約からの離脱を決めている。以上の比較から明らかなように、「平和外交」にふさわしいのは広田よりも幣原の方だった。

その幣原が敗戦直後につぎのように述べている。「軍部の人達が何時《いつ》も開戦論者であると思うのは私は間違いではないかと思います」。戦時中は生死も不明なほど政治の中枢から遠ざかり、戦争に関して手が汚れていない幣原は、軍部に責任を押しつけて被害者の立場に立ってもおかしくなかった。ところが幣原は、戦前日本の破局の起源を第一次世界大戦に見出して、自らの責任を明らかにする。幣原によれば、第一次世界大戦後のデモクラシーと軍縮の時代の到来によって、「軍隊なんてものは余計なものだ」と考える風潮が広がった。このことが軍部の「非常に神経を刺戟《しげき》して、不穏の情勢」を生んだ。

このような国民の軍人蔑視の感情を分析した先駆的な研究が岡義武『転換期の大正』

（初出は一九六九年）である。同書は一九二二（大正一一）年八月の『東京日日新聞』に掲載された陸軍軍医の文章に注目する。

この文章は「軍人といえば、片ッぱしから罵倒する様な風潮」を嘆く。「軍職を不生産的職業といい、時代錯誤といい、穀潰しという」。軍人が人力車を呼べば、「車夫は傲然として『戯談《じょうだん》じゃない。あるいたらいいでしょう』と剣突《けんつく》を喰わす」。あるいは「若い青年将校が結婚の約束をしていたのが、どしどし嫁の方から破談にしてくる」。これらのエピソードから同書は、当時の世相をつぎのように要約している。「軍人に対する国民の眼は近時憎悪から侮蔑へと大きく変った。職を失って不安に襲われている軍人に対して国民多数は無関心であり、よい気味だといわんばかりの様子をしている」。

戦前昭和の外交はどこで誤ったのだろうか。

国際連盟外交

昭和が始まる頃、日本外交は国際協調の頂点に向かっていた。舞台はジュネーヴの国際連盟である。日本の国際連盟外交は篠原初枝『国際連盟』が概観している。同書は日本の国際連盟外交を「外交大国としての可能性」の観点から描く。

さらにここでは同じ著者の論考「国際連盟外交――ヨーロッパ国際政治と日本」に言及

する。この論考は一九二八年から翌年にかけての国際連盟におけるポーランド＝ドイツ間の少数民族問題を取り上げている。

第一次欧州大戦後、多数の国が独立したことにともなって、国境線と民族をめぐる対立が起きる。ドイツ領だった旧ポーランドの領土が新ポーランドに復帰する。新ポーランドのドイツ系少数民族をめぐって、ポーランドとドイツの対立が激化する。この問題は少数民族に関する国際連盟理事会において議論される。この理事会に出席して問題解決に力を尽くしたのが安達峰一郎《あだちみねいちろう》駐仏特命全権大使である。同論考によれば、解決に向けての大きな一歩となったのは、綿密な調査に基づく解決策を提示した安達の報告だった。

安達はのちに常設国際司法裁判所の所長にまで上り詰める。しかし今日では忘れられたに等しい人物である。安達への再評価は、共同研究の成果である柳原正治・篠原初枝編『安達峰一郎　日本の外交官から世界の裁判官へ』をきっかけとして本格化することが期待される。

安達を補佐してこの問題の解決に当たったのがのちに国際連盟事務次長になる杉村陽太郎《すぎむらようたろう》である。また国際連盟の日本代表の石井菊次郎《いしいきくじろう》と石井に仕えた佐藤尚武《さとうなおたけ》国際連盟帝国事務局長も彼らと連携していた。安達・杉村・石井・佐藤の四人の「国際会議屋」は外国語に堪能で国際法に通暁する外交官だった。

日本は国際連盟で少数民族問題の解決に当たるだけではなく、一九二七年に海軍軍縮会議（補助艦制限を目的とする日米英三国の国際会議）に参加する。文官全権は石井だった。同年には佐藤が日本代表を務めるジュネーヴ国際経済会議も開催されている。さらに一九二八年には不戦条約に調印する。パリでの調印式には安達も参列している。彼らの活躍によって日本の国際的な地位は向上する。

それにしてもなぜ日本とは直接の利害関係がないヨーロッパの問題の解決に当たったのか。そこには現実主義的な考慮が働いていた。佐藤は言う。「そのうち日中問題は連盟で議論される時がくる、そのときまでに日本が連盟で重要な仕事をしていなかったら、誰も日本に同情するものはなくなるであろう」（篠原、同論考）。佐藤は日中対立を予見する。その時に備えて、ジュネーヴで日本の味方になる国を作っておく必要がある。国際連盟における日本外交の展開は、このような現実主義に基づいていた。

ロンドン海軍軍縮条約問題

日本の国際協調外交は一九三〇（昭和五）年に頂点に達する。この年、日本はロンドン海軍軍縮条約に調印したからである。海軍の補助艦の保有比率をめぐる日米英三国の外交交渉は難航した。日本は対英米七割を主張して譲らなかった。七割であれば攻めていくことはできなくても、守ることならばできるからだった。対するアメリカは六割の主張を曲げなかった。日米の交渉が決裂寸前になる。

そこへイギリスが仲裁に入る。日本の首席全権の若槻礼次郎は三月一一日にイギリスの首席全権マクドナルドと会見する。若槻は最後の決心を告げる。「もし自分の尽力によって、何とか纏まりがつくならば、自分の生命と名誉の如きは、何とも思わない」。マクドナルドは黙して語らず、若槻と握手して帰った。交渉の行方はどうなるのか。マクドナルドはアメリカの首席全権スチムソンに若槻の決意を伝える。スチムソンと若槻の最後の交渉が始まる。どちらの国も国内事情を抱えていることは、日米の首席全権もわかっていた。自国に持ち帰っても条約の批准を得られるようなぎりぎりの数字の交渉がつづく。交渉は六割九分七厘五毛で妥結する。困難な交渉を乗り切った日米英三国は、協調の絆を強める。日本の国際協調外交は頂点に達する。

ところがロンドン海軍軍縮条約は、その批准をめぐって、国内で大きな争点となる。もっとも強硬に反対したのが海軍軍令部である。海軍の作戦や編制、情報などを担当する軍令部は、七割でなくては責任を持てない、勝手に調印したのは統帥権干犯であると非難した。海軍軍令部の強硬論に野党の政友会も同調する。条約調印直後の議会で、政友会の鳩《はと》山一郎《やまいちろう》議員は条約調印を論難している。「政府が軍令部長の意見に反し、或はこれを無視して、国防計画に変更を加えたと云うことは、洵《まこと》に大胆な措置と謂わなくてはならない」。批准の見通しに暗雲が漂うようになる。

統帥権干犯との非難に対して幣原は、国会でつぎのように応戦する。「現にこの条約は御批准になって居ります。御批准になっているということを以て、このロンドン条約が国防を危うくするものでないということは明かであります」。幣原は天皇の権威に依存して、批准の正当性を主張して止まなかった。民政党内閣は国会の批准を強行突破する。

批判勢力の側は追い詰められる。合法的な手段ではロンドン海軍軍縮条約の批准を勝ち取った民政党内閣に立ち向かうことはできなくなった。ここにテロとクーデタの非合法手段が誘発される。民政党内閣の浜口（雄幸）首相がテロに倒れる。

一九三〇（昭和五）年一一月一四日に東京駅駅頭で浜口を狙撃したのは、右翼青年の佐郷屋留雄だった。司法省刑事局の研究報告書によれば、民間右翼団体の愛国社に身を寄せて浜口内閣の倒閣運動に加わっていた佐郷屋をテロの直接行動に駆り立てたのは、「ロンドン条約に関し起った軟弱外交統帥権干犯の世論に刺戟せられ」たからだった。

テロとクーデタの風評が流れるようになる。一九三二（昭和七）年には国家主義者の井上日召の率いる血盟団が二月に前蔵相の井上準之助、翌三月には三井合名会社理事長団琢磨を暗殺する。さきの司法省の研究報告書は指摘する。「井上は初めは気の長い宗教的方法に依る国家改造を考えて居った」。ところがそこへロンドン海軍軍縮条約問題が起きる。「ロンドン条約以後改造運動者」は「急速な手段を考究するに至り〔……〕テロ手段」に訴えるようになった。井上をテロへと走らせた直接のきっかけもロンドン海軍軍縮条約問題だった。

井上はテロからクーデタへとエスカレートする。この年の五・一五事件を準備したからである。五・一五事件は鎮圧される。しかしロンドン海軍軍縮条約は右翼・国家主義者の直接行動を誘発しつづける。同年八月三一日、国家主義団体の国粋大衆党の関係者本庄猪三郎が若槻礼次郎の暗殺を企てる。暗殺を決意したのは、「若槻礼次郎がロンドン会議を終え帰朝後民政党総裁となり政界に止るは破廉恥行為なり」と憤慨したからだった。

さらに翌年一一月二一日にも愛国社の三人が上野駅駅頭で若槻を刺殺しようとする事件が起きる。彼らは佐郷屋と親交があった。彼らの動機は、佐郷屋が凶行に及んだことに共鳴したからだった。

こうしてロンドン海軍軍縮条約はテロの連鎖とクーデタを誘発することになった。

戦後になって幣原は、第一次世界大戦後のデモクラシーと軍縮の時代にともなう軍人蔑視の感情が軍部を追い込んだと自省する。しかしこのことは外交を妨害する軍部の台頭の間接的な要因、あるいは背景説明に止まる。テロとクーデタの直接的な要因は、ロンドン海軍軍縮条約問題だった。

七割に二厘五毛足りないだけのロンドン海軍軍縮条約の批准を強行すべきだったのか。天皇の権威に依存することなく、国会で戦ったとすれば、どうだったか。仮に批准を獲得できなかったとしても、そうだからこそテロとクーデタの誘発は防ぐことができただろう。対米英関係はどうか。堅固な実証に基づく信頼できる幣原の評伝研究が指摘する。

「このような軍縮問題では、とかく各国間の保有制限の比率に目を奪われそうになるのだが、なにも比率が平和を保障してくれるわけではない。それよりも肝要なのは、条約の根底にあるべき信頼関係を着実に培っていくことである」(服部龍二『幣原喜重郎』)。この指摘のとおりだとすれば、困難な外交交渉をとおして相互理解を深めたのだから、批准されなくても、米英が民政党内閣を非難することはなかったにちがいない。さらに軍縮条約がなくても、民政党内閣は緊縮財政の手を緩めることなく、実質的な海軍軍縮を進めただろう。そうなれば日米英三国の協調はつづく。ところが実際はそうではなかった。ロンドン海軍軍縮条約問題は大きな分岐点となった。

「英米協調」対「日中提携」

他方で佐藤尚武が予見したように、中国問題をめぐって、日本外交は困難に直面する。清朝中国崩壊後の軍閥割拠の状況を経て、中国は蔣介石の国民党の武力による国家統一が進んでいた。このような中国ナショナリズムの台頭に対する日本外交の対応は、陸軍対外務省の二重外交の観点からの分析が研究の主流だった。二重外交とは、陸軍＝内政干渉主義対外務省＝内政不干渉主義の対立である。

この対立図式は過度に単純化されている。陸軍中央は蔣介石による中国統一を容認していたからである。対中国外交の困難さは二重外交とは別のところにあった。この点に関する先駆的かつ今日においても依然として斬新な分析視角を提示しているのが酒井哲哉「『英米協調』と『日中提携』」（『年報・近代日本研究　11』一九八九年）である。同論考によれば、問題の核心は、中国の不平等条約撤廃要求にどう対応するかにあった。外務省内に二つの路線が生まれる。一方は英米との協調によって中国ナショナリズムに対応する「英米協調」路線である。他方は中国の要求に譲歩して利益供与を図ることで「日中提携」を強化する路線である。

幣原は二つの路線のうち、「日中提携」よりも「英米協調」を優先させる。しかし中国在勤の外交官は違った。幣原の腹心の佐分利《さぶり》（貞夫《さだお》）駐華公使も「日中提携」の立場で、「中国本土において徹底的な譲歩的政策をとることで、中国側の満蒙権益回収要求を抑制」しようとしていた。

幣原の「英米協調」路線との板挟みになった佐分利は、一九二九（昭和四）年一一月二九日、一時帰国して箱根のホテルに滞在中、謎の死を遂げた。今日においても他殺説が流布しているのは、松本清張「佐分利公使の怪死」（『昭和史発掘（2）』）の影響だろう。しかし自殺とは認めたくなかった幣原は他殺とみなしたものの、重光《しげみつ》（葵《まもる》）上海総領事も堀内《ほりうち》（謙介《けんすけ》）駐華公使館参事官も自殺説だった（服部、前掲『幣原喜重郎』）。佐分利は「英米協調」と「日中提携」の対立の犠牲になった。

日本の対中国外交は行き詰まっていく。中国国民政府は一九三一（昭和六）年五月四日、翌年一月一日をもって治外法権を廃棄すると一方的に公布する。「英米協調」路線は限界に達した。他方で中国ナショナリズムは満蒙権益の国権回復要求を強めていく。こうなると「日中提携」路線も前提条件（満蒙権益の黙認）が失われることによって、機能不全に陥る。

満州事変が起きたのはこの時だった。

不平等条約撤廃の一方的な通告と国権回復要求の高まりに直面して、外務省内の二つの路線（「英米協調」と「日中提携」）はいずれもなす術がなかった。外務省の対中国外交は、軍部の横槍で妨げられる前に立ち往生していた。

欧州在勤の外交官のキャリアパス

佐藤尚武がそうだったように、欧州在勤の外交官たちは日中関係の行く末を警戒していた。しかし欧州発の彼らの献策は、満州事変の拡大を抑制できなかった。なぜそうだったのか。欧州在勤の外交官たちのキャリアパスの観点から考える。

四人の「国際会議屋」のうち、石井菊次郎は一九二七（昭和二）年に外務省を退官している。戦前期官僚制研究会編／秦郁彦著『戦前期日本官僚制の制度・組織・人事』によれば、佐藤尚武は一九一九（大正八）年から欧州在勤がつづいている。満州事変の勃発までのあいだに一度も本省勤務の経験がない。杉村陽太郎も一九二三（大正一二）年から欧州に出たままである。安達峰一郎はもっと極端で、一九〇八（明治四一）年以来、本省で勤務したことがない。外国語に堪能で国際法に通暁していた彼らは、良く言えば余人をもって代えがたく、悪く言えば器用貧乏で、本省での外交政策の立案に直接、辣腕を振るうことができなかった。満州事変によって、欧州在勤の彼らは窮地に陥った。

広田（弘毅）外交

満州事変の拡大、満州国の建国、日本の満州国承認、国際連盟脱退通告を経て、外相の座に就いたのが広田弘毅である。

広田は軍部が強硬なことよりも、軍部に派閥があることを重視する。昭和軍閥は皇道派と統制派が対立していた。皇道派を代表するのは真崎甚三郎である。陸軍大学校卒の真崎は、参謀次長や教育総監などの陸軍の要職を歴任する。その真崎が嫌い抜いた統制派の代表が林銑十郎である（真崎は日記に林を「蜘蛛」と記している）。陸大卒の陸軍のエリートだったのは真崎と変わらない。林は陸相に就任すると、教育総監の真崎を更迭する。

対ソ戦早期開戦論の皇道派は、対ソ戦優先の観点から対中関係のこれ以上の悪化を望まなかった。対する統制派は、対ソ戦よりも総動員体制の確立を優先させ、軍事的資源供給地としての中国に関心を持っていた。

このような陸軍派閥対立を前にして、広田は統制派との提携＝皇道派の抑制を選択する。対中国〈外交〉が〈内交〉、すなわち中国政策をめぐる政府内政治であることからすれば、日中関係の修復をめざす広田にとって、統制派との提携＝皇道派の抑制は、政府内政治を乗り切る合理的な選択だった。

満州事変の勃発以来、悪化の一途をたどった日中関係も、一九三三（昭和八）年五月末の停戦協定の成立によって、大きな区切りがつく。満州事変の拡大過程で蔣介石の国民党政府内に欧米派と「親日派」（対日妥協派）の対抗関係が形成される。欧米派は国際連盟や欧米諸国との連携によって、日本の抑制をめざす。対する「親日派」は日本との直接交渉によって、満州事変の妥協的な解決をめざす。

中国からみれば、国際連盟や欧米諸国は満州事変の抑制に無力だった。日中停戦協定成立後、「親日派」が優勢になる。蒋介石の国民党政府は日本との二国間関係の調整に舵を切る。

一方日本側では、再び「英米協調」対「日中提携」の路線対立が起きる。広田が選択したのは、重光(葵)外務次官の「日中提携」路線である。ここに広田外交は、政府内政治における統制派との提携＝皇道派の抑制と「日中提携」＝蒋介石政府の「親日派」路線(対日妥協路線)への接近とのバランスをとりながら、展開されることになる。

〈内交〉と〈外交〉

広田外交を評価するとは、このような〈内交〉と〈外交〉を評価するということである。最初に広田〈外交〉の方はどう評価すべきか。「親日派」との提携の具体的な成果は、一九三五(昭和一〇)年五月一七日に日中両国の公使館を大使館に昇格させた措置である。この大使館への昇格は、『落日燃ゆ』はもとより、研究者による評伝研究である服部龍二『広田弘毅』も高く評価している。「大使館への昇格は『日中提携』の一里塚だった。少年のころから大陸を夢みた広田が、いまや中国との友情をつかみかけている。広田の外交は、最高潮に達しようとしていた」。

つぎに〈内交〉の方はどうか。広田は皇道派の対ソ戦早期開戦論の抑制に成功する。同じ年の三月一〇日に北満鉄道譲渡交渉が成立したからである。広田外交は、日ソ関係の緊張緩和を目的として、日本を名目上の仲介国とするソ連＝満州国間の譲渡交渉を進めた。陸軍のなかには日本がソ連から北満鉄道を買収しなくても、戦争になれば手に入るとの強硬論があった。このような強硬論を抑えながら交渉を成立させたことによって、日ソ関係に緊張緩和が訪れた。

しかし広田外交のめだった成果はここまでだった。大使館への昇格といっても、それは信頼醸成措置程度のことだった。「親日派」が求めていた「提携」の実質化は進まなかった。「提携」とは、たとえば中国のインフラ整備（道路建設・自動車化への技術援助、航空事業への技術援助など）や共同農業開発、日中「合作」事業といった「経済提携」のことである。「経済提携」はアイデアに止まり、具体化にまで進まなかった。

他方で広田の〈内交〉の方も不安定化していく。大使館への昇格措置に対抗するかのように、現地軍が華北分離工作に踏み切る。一九三五年六月、現地軍は華北地方から中国国民政府の軍事的政治的影響力を排除する。現地の日中両軍間の華北分離に関する協定は、日本側の強圧的な態度によって、中国側がやむを得ず要求を承認した結果、成立したものだった。

中国本土での現地軍の策動は、蔣介石政府との緊張を高める。東京の政府としては回避したかった。しかし広田と連携する統制派の現地軍に対するコントロール力が弱かった。大使館昇格措置の効果が帳消しになりかねなかった。

〈外交〉と〈内交〉の再均衡を求めて、この年の一〇月、広田三原則が策定される。(一)排日の取り締まり、(二)満州国の存在の黙認、(三)外蒙古の赤化防止。この広田三原則が持つ〈内交〉上の意図は、華北分離工作の抑制だった。しかし中国側からすれば、一方的な要求の列挙であって、受け入れる余地はなかった。

広田三原則をめぐる日中間の最初の交渉となったのは、一〇月七日の広田と蔣作賓《しょうさくひん》駐日中国大使との会見である。交渉はこの段階で早くも暗礁に乗り上げる。蔣大使は第二原則に関連して「中国の満州国に対する考は以前よりも一歩進んで居る」として、強い難色を示した。第三原則に対しても「赤化運動に関し日本と全然其の所見を異にする」と明確に否定している。蔣大使によれば、日中の外交関係の改善には満州国の存在はともかくとして、「一切九・一八〔満州事変〕以前の状態に回復する」のを要した。広田三原則の〈外交〉上の意図は中国側の理解を得ることができなかった。こうして日中停戦協定成立(一九三三〈昭和八〉年五月末)前後からの日中外交関係修復の模索は挫折する。

それでも外交関係修復の試みはつづく。

一九三六年になると、日本は「防共」外交を展開する。「防共」外交の意図はつぎのとおりである。一方でドイツと他方で中国とそれぞれ防共協定を結ぶ。そうなれば疎隔した日中関係を再接近させることができる。蔣介石は国内で共産党勢力と対抗していたのだから、「防共」には応じるだろう。

ところが前年を分岐点として「抗日」へと転換した蔣介石政府は、国際権力政治のレベルでソ連に接近していた。これでは中国側が対ソ関係を悪化させる「防共」に応じる余地はなかった。

翌年、林（銑十郎）内閣が成立すると、外相に就任したのは「国際会議屋」のひとり佐藤尚武だった。国際協調派の佐藤にふさわしく、佐藤外交は華北分離工作を否定して、「経済提携」による漸進的な関係修復をめざす。しかし中国側が乗ってくることはなかった。中国側は、たとえば満州国の主権返還といった大幅な譲歩を日本側から示さなければ、交渉を再開する考えがなかった。外交交渉の再開よりも前に、一九三七（昭和一二）年七月七日、盧溝橋事件が起きる。この日中の偶発的な軍事衝突事件を直接のきっかけとして、日中戦争が始まる。

外交の大衆化

一九三〇年代をとおして機能不全に陥っていく日本外交は、外務省内からも批判を招く。批判の急先鋒に立ったのが外務省革新派である。外務省革新派を知るには戸部良一『外務省革新派』が最良のテキストになる。同書によれば、外務省革新派は国内世論の動向に敏感で、軍部以上に強硬論を主張することによって、外交の立て直しを図っていた。

同書が指摘するように、「〔外務省〕革新派の主張は、ほとんどの場合、外務省の政策としては採用されなかった」。それでも外務省革新派が重要なのは、戦前昭和が「国民外交の時代、あるいは外交の大衆化の時代」だったことを想起させるからである。

別の言い方をすれば、協調外交の限界とは、エリート外交官による外交の限界のことだった。「英米協調」、「日中提携」どちらにせよ国民世論の支持がなければ、外交は機能不全に陥る。今につづく外交と世論の問題は、戦前昭和に歴史的な起源を持っている。戦前昭和の外交の歴史から学ぶべきことは多い。

Ⅸ章　日米開戦——なぜ回避できなかったのか？

ルーズベルト陰謀論の虚構

戦後の日本外交史研究は、日米開戦史研究だったと言っても言いすぎではないほど、質量ともに膨大な知見を生み出し、通説を打ち立てて、今日に至っている。世上に流布している俗論は退けられて久しい。

しかし俗論が消えることはなく、再浮上する。俗論のなかでも根強いのがルーズベルト陰謀論である。「アメリカのルーズベルト大統領は、事前に真珠湾攻撃を知っていながら、わざと日本にそうさせた」。この陰謀論がまちがっていることは、歴史実証主義の研究者にとって常識である。ルーズベルト陰謀論のまちがいは、須藤眞志『真珠湾〈奇襲〉論争』にあらかたまとめられている。以下は同書に拠る。

陰謀論への第一の反証は暗号解読の問題である。アメリカ側が解読できたのは外務省の暗号だった。外務省が真珠湾攻撃を知るのは直前になってからのことである。肝心の海軍の暗号は、翌年春まで解読できなかった。

第二の反証は無線封止の問題である。真珠湾に向かった南雲《なぐも》機動部隊は、厳重な無線封止下にあって、弱い電波を出して連絡し合うこともしなかった。そのような微弱電波の傍受解読の証拠はない。

以上の二つの反証を挙げるまでもなく、ルーズベルト陰謀論はつぎの反論に答えることができないでいる。「なぜルーズベルトは、事前に知っていたのであれば、あらかじめ真珠湾内のアメリカ太平洋艦隊を湾外に避難させておかなかったのか。そうすれば真珠湾の奇襲攻撃を非難してアメリカの参戦を可能にするだけでなく、戦艦アリゾナやオクラホマを失うことなく、三〇〇〇人を超える戦死者・負傷者も出なかった」。実際のところ真珠湾攻撃によってアメリカの太平洋艦隊は壊滅的な打撃を受けて、反撃が遅くなっている。どんな結果になるのかがわかっていながら、ルーズベルトが日本に真珠湾を攻撃させた合理的な理由を発見することは困難である。

真珠湾攻撃＝日本の「卑怯な騙し討ち」？

それでもルーズベルト陰謀論がなくならないのは、真珠湾攻撃＝日本の「卑怯な騙し討ち」との非難を躱《かわ》すことができるからである。ルーズベルトが陰謀を働いたのであれば、悪いのはアメリカであり、日本の方こそ騙されたことになる。

「卑怯な騙し討ち」だったのか否かは、開戦通告遅延問題と連動している。日本政府は騙し討ちではなく、開戦を通告する予定だった。ところが開戦通告は三〇分遅延した。遅延の責任はワシントンの日本大使館の怠慢に帰せられてきた。

真珠湾攻撃

今では東京の外務省の不手際も指摘されている。東京の外務省は開戦通告を一四分割の電文としてワシントンの日本大使館に送った。電文は日米関係の歴史をふりかえる冗長な内容が一三分割目までつづく。開戦通告とわかるのは最後の一四分割目の電文に接した時だった。なぜ一四分割目を最初に持ってこなかったのか。そうすれば真珠湾攻撃よりも前に対米開戦通告が間に合ったはずである。東京とワシントンのどちらのミスだったのか。

どちらかの一方的なミスというよりも、ワシントンでも東京でも、程度の差こそあれ、どちらにも遅延の責任はあったと考えるべきだろう。遅延の責任問題を棚上げにしても、真珠湾攻撃は意図してではなく、結果的に「騙し討ち」になったことがわかる。

別の言い方をすれば、たとえ開戦通告が間に合ったとしても、それは戦時国際法違反ではないということにすぎなかった。奇襲攻撃であることに変わりはなく、一方的に国土を侵犯されたアメリカが日本を非難して立ち上がったにちがいない。

戦後の日本外交史研究の関心は別のところにあった。それは要するに開戦回避の可能性である。時間の経過とともに、可能性は狭められていく。それでも開戦回避の可能性は直前まであった。これまでの研究はそう指摘する。なぜならば日米間には、イギリスやオランダとのあいだとは異なって、アジアの植民地をめぐる対立がなく、戦争に訴えなければ解決できないような問題はなかったからである。

たとえば一九四一（昭和一六）年四月の日米了解案が成立していれば、開戦は回避できた。日米了解案とは、四月一六日付でC・ハル国務長官が野村《のむら》（吉三郎《きちさぶろう》）駐米大使に示した日米国交調整案のことを指す。この案には日本の南方（東南アジア）進出は武力ではなく、平和的手段によって実行されると記されている。また蔣介石政権と日本の傀儡政権＝汪兆銘政権との「合流」を前提に、アメリカが日中和平交渉を斡旋するとなっている。しかも和平の条件として中国による満州国の承認が考慮されている。

野村から本国政府に日米了解案が届くのは二日後の四月一八日のことだった。近衛（文麿）首相は乗り気になる。ところが野村は近衛にこの案を打電した際に、ハルの意向を意図的に伝えなかった。ハルは野村に国際和平に関する四原則（あらゆる国家の領土保全・主権尊重、内政不干渉、通商上の機会均等を含む平等、平和的手段以外の手段での太平洋の現状不変更）を日本側が受諾することを条件に、日米了解案を会談の基礎としてよいと述べた。野村はこのハルの発言を本国政府に報告しなかった。四原則の受諾を前提にするのであれば、本国政府は呑まないと判断したからである。日米開戦回避の熱意からではあっても、野村の行為は日米両国政府の誤解と相互不信を招くことになった。

そもそもこの日米了解案は両国の民間レベルでの交渉の結果まとまった案にすぎなかった。日本側がこの案をたたき台として認めるならば、日本側から案を出すべきだ。これがハルの意向だった。日米了解案はアメリカ政府の正式な案ではなかった。

日米了解案が日本政府に届いた四日後、モスクワで日ソ中立条約を調印して意気上がる松岡《まつおか》（洋右《ようすけ》）外相が帰国する。松岡は日ソ中立条約によって日本の外交ポジションが強化されたことを後ろ盾として、自ら対米外交に臨む姿勢だった。その松岡にとって日米了解案は妨げになった。日米了解案に対する日本側の五月一二日付の対案は、松岡の意向に沿う内容で、アメリカ側を失望させる。日米了解案に基づく交渉の可能性は失われる。

それでもこの年の夏に近衛（文麿）首相とルーズベルトの頂上会談が実現していれば、開戦は回避できた。あるいは乙案（アメリカの対日石油供給の再開と引き換えに南部仏印〈フランス領インドシナ〉の日本軍を北部仏印に引き揚げる）が成立してもそうだった。

さらに頂上会談が実現しなくても、一一月二六日のハル・ノートをめぐって、アメリカ側の条件である「中国」からの日本軍の全面撤兵における「中国」とは何かを照会して、満州国を含まないことが示唆されれば、受け入れることもできた。

この重要な点に関して、一二月一日の天皇臨席の最重要会議において、原《はら》（嘉道《よしみち》）枢密院議長が東郷《とうごう》（茂徳《しげのり》）外相に質している。「全支那から撤兵せよという点に於て米が支那という字句の中に満洲国を含む意味なりや否や、此事を両大使〔野村駐米大使と来栖《くるす》（三郎《さぶろう》）遣米特命全権大使〕は確かめられたかどうか」。対する東郷は、日米了解案では満州国を含まない意味だったけれども、今となっては「前言を否認するかも知れぬと思います」と答えている。

東郷の答から満州国を含むか否か、アメリカ側に確認していないことがわかる。含むだろうとは東郷の推測、解釈にすぎない。以下の理由から東郷はアメリカ側に確認すべきだった。

日米開戦は日本からさきに手を出さなければ回避できた。それゆえハル・ノートをめぐって交渉をつづけることは意味があった。交渉がつづけば、ほどなくして東南アジアは雨季に入る。作戦行動がとりにくくなる。そこへドイツに対するソ連の反攻が始まる。そうなれば対米開戦に踏み切る前提となっていた欧州戦線におけるドイツの優勢が崩れる。開戦を決意するのはむずかしくなる。こうして開戦は回避される。

「万一の僥倖」に賭ける

以上のように開戦回避の可能性が詳らかになったあとに、残された疑問があるとすれば、それは「回避可能だったのに、なぜ戦争に踏み切ったか」である。日米の国力を比較すれば、合理的な結論は開戦回避以外に選択の余地がない。結論が自明であるのになぜ無謀な戦争に突入したのか。

この論点に対する最新の研究であると同時に決定版とも言える著作が牧野邦昭『経済学者たちの日米開戦　秋丸機関「幻の報告書」の謎を解く』である。以下では最初に同書の要点を記す。つぎに同書の議論を手がかりとして、開戦に至る日本側の意思決定過程を再構成する。

一九三九（昭和一四）年、陸軍省経理局課員兼軍務局課員の秋丸次朗《あきまるじろう》中佐は、陸軍省戦争経済研究班（通称「秋丸機関」）の創設に着手する。秋丸の下に経済学者たちが集まる。そのなかには前年の人民戦線事件（社会民主主義者に対する弾圧事件）で検挙され休職中だった東京帝国大学助教授の有沢広巳《ありさわひろみ》もいた。一九四一（昭和一六）年の初め頃までに、秋丸機関は戦争経済に関する報告書をまとめる。

秋丸機関の報告書の解釈をめぐって、二つの異なる立場が対立している。有沢の回想が指摘するように報告書は「国策に反する」としてすべて焼却されたのか、それとも報告書の「秘策」を信用した陸軍が開戦を選択したのか？

対する同書の著者は、失われたはずの原本の所在を探し当てる。研究の概要も当時すでに公表されていたことを突き止める。

秋丸は日米の国力差が一対二〇であることを知る。驚くべきことにこの数字は軍事機密でも何でもなかった。著者は同時代の新聞や雑誌、刊行物を調べ上げる。その結果、日米の国力差は公表されていたことを突き止める。日本がアメリカを相手に長期戦を戦うことの困難さは、あらためて調査するまでもない当時の「常識」だった。

それでは秋丸機関の報告書は「常識」以外の何を明らかにしたのか。報告書は「確実な敗北」と「万一の僥倖」の両論を併記している。秋丸機関の経済学者たちの意図は、「確実な敗北」の正確な予測によって、開戦回避の重要性を示唆することにあった。ところが陸軍は「万一の僥倖」の方に賭ける。

「万一の僥倖」とは何か。このまま開戦しなければ、アメリカの資金凍結や石油禁輸などの経済制裁の影響を受けて、日本は「ジリ貧」となり、戦わずして屈服する。そうだからといってアメリカと戦争をすれば、きわめて高い確率で日本は敗北する。

他方できわめて低い確率（「万一の僥倖」）ながら、つぎのようなシナリオを描くことができる。独ソ戦が短期間のうちにドイツの勝利に終わる。ドイツはソ連の資源と労働力を利用して、イギリスを軍事的に屈服させる。そうなればアメリカと戦争をしても、アメリカは交戦意欲を失う。戦争の継続を断念したアメリカは、日本との講和に応じる。こうして日本も対米戦争によって打撃を受けるものの、南方の資源を獲得して講和に至れば、開戦前の国力の水準を維持できる。

しかしこのような「万一の僥倖」が訪れることはなかった。日本は敗北する。

以上の開戦過程を再現する筆致はスリリングである。堅固な実証と確かな推論は叙述の信頼度を高めている。

さらに本書は注目すべき踏み込んだ議論を展開する。どうすれば秋丸機関は、開戦回避論に説得力を持たせることができたのか？ 「三年後でもアメリカと勝負ができる国力と戦力を日本が保持できるプラン」を示して時間を稼ぎ、ドイツの敗北と米ソ冷戦の始まりを待つ。このような「臥薪嘗胆」論であれば、開戦は回避可能だった。あるいは三年も待たなくてよかった。戦後の日本外交史研究の知見は、数ヵ月の先延ばしでも開戦回避の可能性があったと指摘しているからである。

以上要するに、回避可能だったにもかかわらず、開戦に踏み切ったのは、「万一の僥倖」に賭けたからだった。

陸軍「悪玉」論＝海軍「善玉」論？

同書は日米開戦史研究の重要な一里塚になったことはまちがいない。それでも同書の守備範囲を越えたところに疑問は残っている。同書が明らかにしたのは、陸軍の開戦の動機である。それでは海軍はどうだったのか。

開戦をめぐって、陸軍が「悪玉」ならば海軍は「善玉」である。海軍「善玉」論は正しいのか。この疑問に対する先駆的な論考の小池聖一「海軍は戦争に反対したか」（藤原彰ほか編『日本近代史の虚像と実像 3』一九八九年）によれば、海軍「善玉」論が世間に知れ渡るようになったのは、作家阿川弘之《あがわひろゆき》の三部作（『山本五十六《やまもといそろく》』一九六五年、『米内光政』〈上・下〉一九七八年、『井上成美《いのうえしげよし》』一九八六年）などによる。

たしかに米内海相―山本次官―井上軍務局長は日独防共協定の強化に反対した。日独防共協定の強化は対米関係を決定的に悪化させるからだった。しかしこの三人を組織としての海軍中央と同一視することはできない。彼らは開戦決定過程では海軍の中枢から離れていたからである。米内は予備役に編入された。山本は連合艦隊司令長官に転出した。井上も第四艦隊司令長官としてトラック島に向かった。

彼らの重しから解き放たれたかのように、海軍中央では課長クラスの中堅層が戦略策定の実権を握る。課長クラスの軍務局第一課長＝高田利種《たかだとしたね》や第二課長＝石川信吾《いしかわしんご》らは政策第一委員会に集結する。軍令部動員課長＝栗原悦蔵《くりはらえつぞう》らの軍備第二委員会と政策第一委員会は、一九四一（昭和一六）年六月五日に「現情勢下に於て帝国海軍の執るべき態度」をまとめる。この報告書は「和戦に対する決意」として、「帝国海軍と現情勢下に於て戦争（対米を含む）決意を明定し其の方針の下に諸般の準備及態度を定むる要あり」と断定する。また「政府及陸軍に対する態度」として、「戦争決意の方向に誘導するを要す」と記す。海軍中堅層は対米開戦の意志を固めた。

海軍上層部は課長クラスの中堅層に引き摺られる。軍令部総長の永野《ながの》（修身《おさみ》）もそうだった。永野は第一委員会の会議では居眠りばかりで指示を出すこともなく、中堅層の考えを受け入れる。小池前掲論考によれば、永野は一九四一（昭和一六）年七月二一日の段階で、「米に対しては今は戦勝の算あるも〔……〕時を経ると共に不利となる」と早期開戦論を主張している。海軍中堅層がまとめたさきの報告書の影響と推測できる。永野は「戦略なき主戦派」で、対米戦の勝算を問われても、「不明」「五分五分」と答えつづけた（秦郁彦『昭和史の軍人たち』）。

さらに一〇月三〇日になると、今度は嶋田《しまだ》（繁太郎《しげたろう》）海相が開戦を決意する。東条（英機）内閣が和戦両様の決定をしたのは一一月五日であるから、海軍の方こそ開戦の意志が強かったことになる。これでは海軍は「善玉」どころか「悪玉」である。

なぜ海軍は開戦に積極的だったのか。さきの論考は海軍の組織利益を守るためだったと結論づけている。海軍の戦費は日清・日露両戦争期において対陸軍二割前後だった。この戦費の割合が示すように、二つの戦争を戦う主軸となったのは陸軍である。さらに陸軍が中心となって日本は、満州事変、日中戦争、ノモンハン事件（一九三九年の日本対ソ連・モンゴル人民共和国間の大規模な軍事衝突事件）を戦った。他方で海軍はいわば力を温存しながらワシントン・ロンドン両海軍軍縮条約から離脱し、軍拡を進め、一九四一（昭和一六）年と翌年には戦艦大和と武蔵を建造している。陸軍とは違って、戦うことなく軍拡をつづけていたのだから、いざとなると尻込みするわけにはいかなかった。「戦争を為し得ざる海軍は無用の長物なり」。この非難に応えるには戦争の決意をもってするほかなかった。

海軍も日米の国力差はわかっていた。そこからの合理的な結論は避戦のはずだった。しかしあとに引けなくなった海軍は、組織利益を守る意図で、開戦を決意した。軍事戦略上は「万一の僥倖」に賭けた陸軍の方が組織利益を優先させた海軍よりも合理的な判断を下していたことになる。

そうだからといって、海軍を単純に「悪玉」と決めつけることもできない。嶋田海相―永野軍令部総長のラインの下であっても、海軍は最初から開戦論だったのではないからである。さきの論考は、一九四一年前半の日米交渉に海軍上層部が大きな期待を寄せていたと指摘している。

実際のところ、海軍内でも開戦回避論は直前まで底流としてつづいていた。たとえば嶋田海相の開戦決意（一〇月三〇日）の二日前においても、沢本《さわもと》（頼雄《よりお》）次官が軍令部首脳につぎのような意見を主張している。「大局より観察すれば、どうも此の際戦争するを可とする意見とならず。結局長期戦は国力に依る次第にて、海軍としては自信なし」。一九一九（大正八）年海軍大学校卒の沢田はイギリス駐在の経験もあり、対米戦略をめぐって永野と対立していた。沢本は避戦の立場だった。

開戦決定過程の最終局面において、組織利益の防衛の動機が露わになったとしても、海軍にとって開戦回避から開戦への転換点は別のところにあったのではないか。

日独伊三国同盟の効用

転換点として真っ先に思いつくのは、一九四〇（昭和一五）年九月二七日の日独伊三国同盟だろう。米内―山本―井上のラインがあれほど反対した対独接近に踏み切ったのだから、及川《おいかわ》（古志郎《こしろう》）海相が三国同盟締結に同意したことは、海軍にとって対米開戦への転換点だったことになる（畑野勇「日米開戦と海軍」『昭和史講義2』）。同論考によれば、及川が三国同盟に同意したことに対する通説的な理解は確立していないという。

たしかになぜ及川が同意したのかを直接的に知る手がかりは乏しい。しかし開戦決定過程のより広い文脈のなかで再解釈すれば、海軍にとって三国同盟への同意は開戦への意思決定ではなく、避戦の観点からだったと推測できる。

日独伊三国同盟（左はヒトラー、中央は松岡洋右。1941年、朝日新聞社提供）

この点に関連して、日米交渉に携わった岩畔豪雄《いわくろひでお》陸軍大佐が敗戦の翌年に重要な証言をおこなっている。敗戦の年の一二月、近衛文麿は自殺する。岩畔は近衛が遺した手記のなかに「三国同盟をやって日米交渉をやる積りであったと書いてあるのを見て」、そこには「大きな真理があると思う」と述べる。日米の国力差が一対二〇と認識する岩畔は、アメリカが日本を「歯牙にかけていない」とわきまえていた。そこへ三国同盟が成立する。岩畔は言う。「三国同盟に入ったので力が出て来たから話が出来た。〔……〕そういう状態から考えてあれには大きな真理があった」。三国同盟の外交圧力がアメリ力を交渉の場へ引き出すことになった。

海軍も日米交渉に対するこのような三国同盟の効用を認めたからこそ、三国同盟に同意したのだろう。海軍が三国同盟に同意したことと日米交渉に期待したことは矛盾しない。なぜならば海軍にとって三国同盟は、日米交渉を成功に導く外交圧力になり得るからだった。そうだとすれば、日米開戦への転換点は、三国同盟とは異なるところに求めなければならない。

付言すれば、三国同盟に加わったとしても、日本からさきに手を出さなければ、日米戦争にはならない。三国同盟には自動参戦義務がないからである。独伊がどの国と戦争をするにしても、日本はその国と戦う必要がない。及川が三国同盟に同意したのは、三国同盟の推進者の松岡外相が自動参戦義務の回避を保証した時だった。このことは及川も三国同盟の外交圧力による日米交渉の成立に期待していたと推測することの傍証になる。

北進論対南進論

ところが軌道に乗りはじめたかに見えた日米交渉は、六月二二日の独ソ戦の開始によって、暗礁に乗り上げる。岩畔はさきの証言において、「独ソ戦が長期化するという判断の下に対日態度が一層強くなって来たわけですか」との問いに「そういうことです」と同意している。

独ソ戦の勃発によって、ドイツはさらにソ連とも戦争することになった。ドイツは手一杯になる。そのドイツと同盟関係を結んでいる日本の外交ポジションは低下する。対するアメリカの外交ポジションは強化される。日米交渉に対して、アメリカは強気の姿勢に転じる。交渉の成立には日本側からの思い切った譲歩が必要になった。

独ソ戦の影響は日米交渉に止まらなかった。ソ連はドイツを相手に戦うことによって弱体化する。そのように見通す陸軍にとって、独ソ戦は好機到来だった。陸軍の仮想敵国は伝統的にロシア・ソ連だったからである。陸軍は七月二日に関東軍特別演習（関特演）を発動する。関特演は対ソ作戦の準備行動だった。

この北進論は国策の矛盾を表す。なぜならば日本は四月一三日に日ソ中立条約を結んでいるからである。日ソ中立条約の締結を主導したのは松岡外相だった。ところが七月二日の御前会議の際に松岡は北進論を支持している。

一見すると松岡外交も矛盾に満ちているかのようである。しかし七月二日に松岡が北進論を支持するとともに、南部仏印進駐の中止を主張していることに注目したい。

近衛内閣は関特演の決定に先立って、六月二五日に南部仏印進駐を決定している。南部仏印進駐に対してアメリカは態度を硬化させる。アメリカの対抗措置は在米資産の凍結だ

南部仏印を進む日本の自転車部隊（1941年、朝日新聞社提供）

った。この対抗措置は事実上の対日全面禁輸につながった（森山優「日米交渉から開戦へ」『昭和史講義』）。

南部仏印進駐がアメリカやイギリスを挑発することは、同時代においても軍の当局者が認識していたと推測できる。南部仏印に進駐すれば、日本軍機がフィリピンやシンガポールを直接攻撃できるようになるからである。

以上を踏まえれば、矛盾に満ちた松岡外交に一貫性を見出すことができる。それは対米開戦の回避だった。

松岡の意図は、三国同盟と日ソ中立条約によって日本の外交ポジションを強化したうえで、アメリカとの直接交渉によって開戦を回避することにあった。同様に南部仏印進駐は対米関係を決定的に悪化させるゆえに、中止を求めた。松岡外交は対米開戦回避で一貫していた。

対する海軍は北進論を抑制する目的で南部仏印進駐を進める。海軍にとって南部仏印進駐は、アメリカによる対日経済制裁の段階的な実施を見越した「予防的措置」だった。仏印の重要軍需資源を確保すれば、経済制裁に対抗できるからである。

こうして北進論と南進論は相打ちになる。国策の調整と統合は近衛内閣から東条内閣に持ち越される。

国策の未調整

東条内閣は一一月一日に和戦両論併記の決定を下す。一二月一日午前零時までに外交交渉がまとまらなければ、武力発動となる。この日の意思決定は錯綜する。午前九時から一七時間もつづく。

賀屋（興宣）蔵相は開戦反対の論陣を張って、軍部を前に一歩も譲らなかった。賀屋が海軍に対米戦の勝算を問い詰めても、永野の答は「不明なり」だった。東郷外相も賀屋に同調する。「外交には期日を必要とす。〔……〕成功の見込がなければ外交はやれぬ。而して戦争は当然やめねばならぬ」。東条も参謀本部側に求める。「外交が成功したら戦争発起を止めることを請合ってくれねば困る」。陸海軍の抵抗によって、対立が激化する。かろうじて決まったのは、「外交は十二月一日零時迄とし之迄に外交成功せば戦争発起を中止す」だった。

具体的な対米交渉案は甲案と乙案が同時に承認された。甲案は中国大陸からの日本軍の撤兵区域として華北や蒙古地方を明記していた。乙案はアメリカの対日石油供給と日本軍の南部仏印から北部仏印への移駐を要点とする暫定協定案だった。

ワシントンでの外交交渉の際に、日本側は甲案よりもまとまりやすい乙案をさきに示した。乙案に対するアメリカ側の回答が一一月二六日のハル・ノートだった。

海軍にとって今さら後へは引けなかった。陸軍も「万一の僥倖」に賭けた。一二月一日午前零時までに外交交渉はまとまらなかった。代わりに一二月八日、日本軍は真珠湾を攻撃する。

以上要するに、日本は国策の調整が不十分なままに開戦へ踏み切った。陸軍と海軍の組織利益の対立は解消しなかった。陸軍は「万一の僥倖」に賭けた。海軍は組織利益を守るために避戦よりも開戦を選択した。陸軍と海軍は軍事戦略を統合しないままに、どちらも対米開戦に向かった。

対米開戦への分岐点はいくつもあった。開戦回避の可能性は直前まで残った。これからも「日米開戦に至る道において、それぞれの時代や局面で他にどのような選択肢があったのか、それらはなぜ採用されなかったのか」（畑野、前掲「日米開戦と海軍」『昭和史講義2』）が問われつづけるだろう。

それでも現時点で日米開戦への引き返し不能地点を同定するならば、それは一九四一（昭和一六）年六月ということになる。なぜならば六月二二日に独ソ戦が始まり、六月二五日には南部仏印進駐を決定したからである。

Ⅹ章　アジア——侵略か解放か？

林房雄「大東亜戦争肯定論」

日本はアジアを「解放」したのか、「侵略」したのか。さきの大戦をめぐって今も議論が喧《かまびす》しい。アジア解放戦争の立場はこの大戦を「大東亜戦争」と呼ぶ。反対の立場は「アジア太平洋戦争」と呼称する。以下では論争の歴史をさかのぼりながら、「解放」か「侵略」かを考える。

戦後もっとも早く、体系的な「大東亜戦争」＝アジア解放戦争論を展開したのは、林房《はやしふさ》雄《お》「大東亜戦争肯定論」である。この論考は雑誌『中央公論』の一九六三（昭和三八）年九月号から連載が始まる。完結するのは二年後である。一九〇三（明治三六）年生まれの林は、苦学して東京帝国大学に進むものの中退して、プロレタリア小説の作家となる。その後マルクス主義から転向した林は、戦時中、政府に協力する。戦後はこの経歴から公職追放となるものの、追放解除後、中間小説（純文学と大衆小説の中間的な位置の小説）作家として有名になる。

連載の途中で賛否両論が巻き起こる。否定の立場からは『毎日新聞』の論壇時評欄の記事がつぎのように批判する。「この論文には戦争に対する心の痛みが全く欠けている」。なぜならば三〇〇万人の日本国民の犠牲者を悼むことはあっても、中国の一〇〇〇万人の犠牲者に想像力が及んでいないからである。さらに挑発する。「林氏はさすがにもう一度やろうとは書いていないが〔……〕東亜解放の『偉大な行為』は中断されたのだから、もう一回ということになるほかない」。林の論考を批判するこの批評は、アジアの解放を掲げながら、アジアを侵略した日本の欺瞞を指摘している。

賛成の立場からは『読売新聞』のコラムが林の論考を歓迎する。「そうだったか、やっぱりそうだったのか、そういうこともあったのか、私は心の中で自分にこういってきかせながらよんだ」。肯定的な評価は既存のマルクス主義史観に基づく歴史書への批判が含まれている。「このごろ出ている歴史の本を手にとってみよう。ほとんど一冊の例外もなしに赤の宣伝だ。ひどいものだ。日本はいつ共産国になったのか」。

当の林は批判されてもどこ吹く風だった。新聞記者の「例の肯定論、うーんとうならせる批判はありましたか」との質問に対して、林は答える。「まったくなかったね。だいたい左翼史観というのは、一定の型にはまっているだけのことでしょう。同じことのむしかえしで、教えられることはなにもなかったなあ」。

「大東亜戦争肯定論」に戻る。林は言う。「大東亜戦争は百年戦争であった」。「百年」とは一八四五年から四八年までの弘化《こうか》年間を起点としている。この頃から外国艦船が日本の近海に出没するようになる。「西力東漸」の始まりである。林によれば、アジア解放の

「大東亜戦争」とは、この「西力東漸」に対する日本の「反撃戦争」のことだった。

この年（一九六三〈昭和三八〉年）日本はOECD（経済協力開発機構）への加盟が正式に決定している。日本は先進国クラブの仲間入りをする。またすでに一九五七年には東南アジア開発基金構想を携えて、岸（信介）首相が東南アジアを歴訪している。戦後日本は、先進国として東南アジアの経済援助ができるまでに高度経済成長をつづけていた。林の「大東亜戦争肯定論」が受容された背景には、このような戦後日本の経済先進国化があった。

林の論考はその後も長く広範な影響を及ぼす。今日の解放戦争論はせいぜいのところ林の「大東亜戦争肯定論」の別バージョン、あるいは亜流にすぎない。

上山春平「大東亜戦争の思想史的意義」

関連してここで注目したいのは、同じ『中央公論』の二年前の論考が「大東亜戦争」の呼称を用いながらも、この戦争を批判していることである。京都大学助教授だった上山春平《うえやましゅんぺい》は、『中央公論』（一九六一年九月号）に「大東亜戦争の思想史的意義」を寄稿している。上山によれば、占領軍は「大東亜戦争」の呼称を禁止して、代わりに「太平洋戦争」を強要したという。それでは上山の論考は林の「大東亜戦争肯定論」と同工異曲なのか。そうではなかった。

上山は林の論考の登場を待つまでもなく、戦前の「大東亜戦争」史観の再版が現われたと指摘する。この史観は「結果から逆算して、あの戦争を植民地解放戦争として弁護するところから出発したが、やがて、東南アジア開発計画をテコとして『大東亜共栄圏』の再建をくわだて」るようになったという。

このような立場の上山は、林の論考に接して、同調できないと批判する。上山の「再び大東亜戦争の意義について」(『中央公論』一九六四年三月号)によれば、上山は特攻(人間魚雷「回天」)の戦列に加わった体験から戦後も戦争目的に関する理想像を抱きつづけた。ところが「植民地解放の理想を植民地支配の現実によって踏みにじられた体験」を知人から聞くに及んで、考えを変える。

上山は知人からどのような話を聞いたのか、具体的には記していない。それはたとえばつぎのような話と似ていたのではないだろうか。『朝日新聞』の読者の投書欄につぎのような戦争体験者の証言がある。一九四四年にフィリピンのマニラの病院に入院中の「最下級兵」だった証言者は、「現地人看護婦」から「日本軍に占領されてからの様相」を聞く。彼女は「奪われた自由、物資の欠乏、生活の苦しさ、憲兵の横暴、日本兵への憎悪。最後に、近いうちにマッカーサーが必ず帰ってきて私たちを助けてくれる」と強い口調で断言したという。日本軍は独立を付与するよりも、フィリピンの軍事的支配の継続の意志が強かった。フィリピンの独立は名目上でしかなかった。

上山は言う。「『大東亜戦争』を植民地解放戦争とみるよりは、むしろ植民地再編成をめざす戦争とみるほうが、事実に即している」。上山に言わせれば、戦争をとおして日本は、欧米から植民地を奪って解放することなく、再び植民地にしたことになる。「大東亜戦争」=「植民地再編成」戦争の立場に立つ上山が林を批判するのは、林が戦前の「価値尺度」をほとんどそのまま受け入れて、この戦争を肯定しているからだった。

他方で上山は「大東亜戦争」の呼称にこだわる。「太平洋戦争」では占領軍の「価値尺度」を無批判に受け入れることになるからだった。

「大東亜戦争」は林の言うように「解放」戦争なのか、それとも上山の言うように「植民地再編成」戦争なのか。思想史研究の観点からすれば、林の「百年戦争」論もまちがいではないのかもしれない。しかし政治史・外交史研究の観点からすれば、戦争が一〇〇年も連続していたとは考えにくい。軍配は上山に上げるべきか。

ところが実際には上山の「植民地再編成」戦争としての「大東亜戦争」論は、継承されなかった。対立の図式は林の「大東亜戦争肯定論」対アジア侵略の「太平洋戦争」論として固定化される。林・上山論争は忘却の彼方に追いやられることになった。

「触媒」説

その後一九八〇年代にはいると、論争はかたちを変えて再燃する。一九八六年九月、日本国際政治学会の創立三〇周年記念・国際シンポジウムにおいて、谷川栄彦《たにがわよしひと》九州大学教授（当時）が報告する。この報告によれば、日本軍の占領は白人支配層の権威を失墜させ、現地民族の占領行政への参加や青年の軍事訓練などを介して、民族独立闘争を強化する結果になった。戦争と占領は民族運動を加速化させる「触媒」の役割を果たしたことになる。

谷川報告は韓国や東南アジアからの参加者を刺激する。「太平洋戦争から日本人はいったい何を学んだのか」。折から藤尾《ふじお》（正行《まさゆき》）文部大臣が月刊誌で日韓併合は「韓国にも責任がある」と発言して、問題を引き起こしていた。

見様によっては林の「大東亜戦争肯定論」さながらの谷川報告である。誤解を招いた責任もあるだろう。それでも谷川報告は検討に値する。谷川報告の要点は「触媒」説にある。日本の戦争と占領は、「触媒」として化学反応（＝東南アジアの民族独立運動）を促進した。「触媒」は化学反応の前と後とで変化しない。上山の表現を借用すれば、日本の「植民地再編成」の侵略意図は変わらない。日本にとって東南アジアの独立は「意図せざる結果」だった。

この「触媒」説を体系化したのが二年後に刊行された信夫《しのぶ》清三郎《せいざぶろう》『「太平洋戦争」と

「もう一つの太平洋戦争」』である。同書はこの戦争が「植民地再編成」の戦争だったことを示唆して、つぎのように指摘する。「日本がビルマの独立承認を約束しながら軍政を実施したことは、独立の希望に沸きたつビルマの民衆を怒らせた」。同書は印象的なエピソードを引用している。一九四二年五月一日、北部ビルマ・マンダレー近郊の村の様子である。この日の朝、村人は日本軍がビルマを救いに来ると思って、迎えに急いだ。その日の夕方、村人のよろこびの表情は失われた。日本軍の司令官が村人の顔に「ビンタをくれた上に、丸木をひっぱれの、水を汲めのと命じた。それ曳けそれ引けと、われわれは骨を折らんばかりだった」。ほどなくして村人は抗日運動に立ち上がった。

他方でつぎのようにも指摘する。「彼らは従属化の過程でかえって独立意識をつよめ、独立運動を強化した。民族独立運動の力学〈ダイナミックス〉であった」。

以上のような「触媒」説は、従来の「大東亜戦争」肯定論対否定論の対立を乗り越えて、戦争の全体像に接近したと考えられる。ところがこの「触媒」説が定着する前に、一九九〇年代にはいると、議論は新たな局面を迎えることになる。

深田祐介の大東亜会議

直接のきっかけは深田《ふかだ》祐介《ゆうすけ》『黎明の世紀　大東亜会議とその主役たち』(一九九一年)の

刊行である。深田はこの時すでに著名な作家だった。日本航空に勤務するかたわら、一九七六年にはエッセイ集『新西洋事情』で大宅壮一ノンフィクション賞を受賞している。一九八二年には経済小説の『炎熱商人』で、直木賞を得る。その深田が取り上げたのは、一九四三（昭和一八）年一一月五、六日に開催された大東亜会議である。

重光葵外相（左から3人目）と大東亜会議各国代表（1943年、朝日新聞社提供）

この年すでに戦況は悪化の一途をたどっていた。一月二日のニューギニアでの敗北についで、二月一日にはガダルカナル島からの撤退が始まる。四月一八日、連合艦隊司令長官山本五十六が戦死する。五月二九日、アッツ島の日本軍守備隊が玉砕する。

このような戦況の急速な悪化を背景として、東条（英機）内閣は「大東亜共栄圏」内の戦争協力体制の強化を目的とする大東亜会議の開催の準備を進める。準備の過程では会議参加国から戦争協力を調達する代わりに、独立を付与することが検討されている。

大東亜会議にはタイのワンワイタヤコン、フィリピンのラウレル、ビルマのバー・モー、中国南京政府の汪兆銘、満州国の張景恵《ちょうけいけい》、自由インド仮政府のチャンドラ・ボースらが参加した。

当時の自由主義知識人の代表的な人物＝清沢洌《きよさわきよし》は、ラジオをとおして各国代表の演説を聴いている。彼らの演説は皆、英語だった。清沢は皮肉る。「帝都の発声が英語であることについて、右翼から抗議は出ないか？」抗議はなかったようである。アジアに共通の言語はないといっても、敵性語の英語を用いなければならないようでは「大東亜共栄圏」の結束のほどが知れた。

深田の意図は、「傀儡政権の代表を集めた茶番劇」との汚名をそそぐことにあった。本書の帯の惹句を引用すれば、大東亜会議とは「欧米植民地支配からの解放を謳った史上初のアジア・サミット」だった。

当時一二歳の小学生だった深田にとっても、大東亜会議は「異様に華やかで、誇らしげな思い出」だった。会議に出席した各国代表の名前は、子ども同士の日常会話にもしばしば登場したという。

このような書き出しの本書は、林の「大東亜戦争肯定論」の亜流のようにみえる。しかし読み進めていくと、そうではないことがわかる。例を挙げる。深田は大東亜会議の理念とフィリピンの現実とのあいだに「眼も眩むほどのギャップが存在したことは間違いがない」と認める。深田はラウレルの側近で陸軍省軍属だったある人物の回想を引用して、「眼も眩むほどのギャップ」を説明する。「大東亜会議、そのものはいい。しかし軍が現地でやったことがすべてを台無しにした。皆が日本を信じたのに、それを日本が裏切ったんだ」。

他方で戦況の悪化が大東亜会議の開催を促したと指摘する。深田によれば、戦況が不利になったからこそ、「是が非でもアジア諸国の協力を得なければ」ならなくなった。あるいはつぎのようにも強調する。「理念は言葉として宣明されると、自らを拘束することになる」。

この表現から深田が意図していたのは、直接的には戦後のアジアの独立戦争に旧日本軍兵が参加したことだった。他方でこの表現は示唆的である。「触媒」説に再考を促すからである。

戦況の悪化によって、日本は「植民地再編」どころではなくなる。日本にアジア諸国とのほんとうの協力関係の構築を急がせる。大東亜会議をとおして、日本自らも変わらなければならなくなる。そうだとすれば、日本は「触媒」ではない。アジアと太平洋地域を舞台とする戦争は、当の日本をも変革する作用を持っていたことになる。

深田の考えは作家特有のものであって、学術的には無視すれば足りるのか。そうではない。以下で明らかになるように、その後の研究が別の角度から深田の示唆（「理念は言葉として宣明されると、自らを拘束することになる」）を実証しているからである。

人種偏見

日本において「触媒」説や大東亜会議への再評価がおこなわれるのと相前後して、米英の著作の翻訳が刊行される。これらの著作によって議論はさらに深化していく。その一つが一九八七年に日本でも大きな問題作となったジョン・W・ダワー『人種偏見　太平洋戦争に見る日米摩擦の底流』（TBSブリタニカ、一九八七年、のちに『容赦なき戦争』に改題、平凡社ライブラリー、二〇〇一年）である。同書は日米戦争を人種戦争として描く。欧米人が日本人を猿のイメージで劣等人種のように扱っている。さらに日本との戦争を害虫（＝日本）駆除と表現するなどのセンセーショナルな記述に満ちている。

同書の日本語版への序文には、日本の研究者が「連合軍の人種主義と残虐行為を取り扱うのは、戦争について研究している日本の反動的な修正派に弾薬を与えるだけのことになるのではないか」と懸念を示したと記されている。

幸いなことにと言うべきか、懸念は懸念に止まった。「修正派」が逆用することはなかった。同書によれば、日本の戦争プロパガンダは「日本人の優越性」を強調する一方で、「大東亜共栄圏」における「アジア人の隷属」を隠そうとしなかった。「アジア人の隷属」の例として、同書はつぎのように指摘している。第一は「露骨な人種主義」で、「日本兵による些細なことに対するビンタ、罵倒、暴行」、第二は「日本化」の押しつけで、日本式のお辞儀や宮城遥拝（皇居の方角に向かっての遥拝）、カレンダーの皇紀表記（西暦一九四二年は皇紀二千六百二年）の強制、第三は日本語の「共通語」化で、日本語が奨励された。

このような「大東亜共栄圏」の現実を批判する著作は「修正派」には無縁だった。

戦争の争点＝植民地主義の是非

もう一つはイギリスの歴史学者クリストファー・ソーンの一連の著作である。『太平洋戦争とは何だったのか』（一九八九年）、『米英にとっての太平洋戦争（上・下巻）』（一九九五年）はいずれも浩瀚な史料実証に徹している。後者はアメリカのバンクロフト賞受賞作である。

これらの著作はダワーと同様に英米のアジアに対する人種偏見を抉り出している。それだけでなく、アジアの植民地をめぐる英米の利害対立と戦略の不一致を指摘する。イギリスはこの戦争が終わった後、今度はより洗練された方法で植民地支配をつづけることを当然視していた。フランス人やオランダ人にとっても、東南アジアの植民地の回復と防衛は自明だった。対するアメリカはアジアで事実上、植民地を持っていなかった。そのアメリカがなぜイギリスの植民地を守らなければならないのか。ソーンの一連の著作は、アジアの脱植民地化をめぐる英米の対抗関係を細大漏らさず描いている。

ここに、「民主主義国」（連合国）対「ファシズム国」（枢軸国）の第二次世界大戦は、アジアの脱植民地化をめぐる「民主主義国」内の潜在的な対立関係を持っていたことが明らかになった。『米英にとっての太平洋戦争（上巻）』は一九四二年末のルーズベルトの発言を引用する。「戦後はイギリスとのあいだが、現在のドイツとの関係以上に厄介なことになるだろう」。潜在的な対立関係は顕在化するおそれがあった。

潜在的な対立関係は、英米間だけでなく、英米と中国とのあいだにもあった。そこには人種偏見が伏在していた。英米と中国はともに日本と戦っていたはずである。ところがイギリスのチャーチルは、中国人のことを「細目野郎」「弁髪野郎」と呼んでいる（同書）。このように連合国内には二重の潜在的な対立関係が存在していた。

米英の研究者による人種偏見と脱植民地化をめぐる「民主主義国」（連合国）内の潜在的な対立関係の指摘は、「触媒」説を押しのける。ボールは米英の研究から日本の研究者に投げ返されたことになる。

ソーンの一連の研究が指摘するように、戦争の真の争点は植民地主義だった。しかし植民地主義をめぐる対立は潜在的であって、戦時下では顕在化しなかった。一九四二年から四三年にかけて、アメリカが中国と日本の妥協やインドがイギリスに対して反旗を翻すことをおそれていたとしても、「民主主義国」（連合国）対「ファシズム国」（枢軸国）の対立の構図が崩れることはなかった。日中の妥協やインドが反英運動に立ち上がることは杞憂にすぎなかった。

杞憂にすぎなかったとしても、アメリカがおそれたのには理由があった。「人種的差別」の撤廃を掲げる大東亜会議が開催されたからである。この点に関連して、ソーンの前掲書は、アメリカの戦争宣伝を担当する部局員の発言を引用している。「かつてのイギリスやオランダの植民地に日本が言葉のうえで独立を与えたため、事態はいっそう難しくなった」。日本は大東亜会議によって、英米の同盟関係の隙をつくことが可能だった。

大東亜会議をめぐる戦時外交

ところが実際の大東亜会議は違った。大東亜会議の閉幕の翌日、「大東亜結集国民大会」が日比谷公園で開催される。天羽《あもう》（英二《えいじ》）情報局総裁は当日の模様を日記に記す。一〇万人が集まったものの「退席者多数」に上る。「大東亜民族心細し」。「大東亜」諸民族

日比谷の大東亜結集国民大会
（1943年、朝日新聞社提供）

の結束は覚束なかった。

軍事的な結束も同様だった。タイへの軍事支援の可能性を問う東条に対して、参謀総長が答える。「目下兵力の余裕なし」。他方で東条はインドのチャンドラ・ボース軍の「無力」を語る。軍事戦略上の観点からも大東亜会議は無力だった。

これらのエピソードは「大東亜共栄圏」の虚構と英米の心配が杞憂だったことを確認させる。しかし一九九〇年代以降の日本の研究によって、大東亜会議は日本の戦時外交の観点から照射されるようになる。その主要な著作がソーンの研究への日本側からの応答と呼ぶべき波多野《はたの》澄雄《すみお》『太平洋戦争とアジア外交』（一九九六年）である。

主に日本側一次史料の博捜に基づく同書は、この戦争のもう一つの争点である植民地主義の是非が日本の戦時外交に及ぼした影響を明らかにしている。

同書は今日に至るまで、大東亜会議をめぐる戦時外交を主題とするもっとも包括的でわずかな隙もない史料実証性に富む研究書である。

争点としての植民地主義の是非に関する日本側の考えはどのようなものだったのか。同書は断言する。「日本政府は、民族解放や植民地支配の是非を争点に戦争に突入したのではなかった」。真の戦争目的は「大東亜」地域の国防資源の確保と経済支配だった。

東条内閣は、フィリピンとビルマの独立を認めた。アメリカはすでに一九三四年に法律によって、一九四六年のフィリピン独立を約束していた。日本も独立を認める以外になかった。ビルマの独立を認めたのは、ビルマがイギリスからの独立を求めていたからである。イギリスを屈服させる軍事戦略上の観点から、日本はビルマの独立を認めることにした。

インドネシアの場合は違った。インドネシアも独立を求めていた。しかし日本は認めなかった。日本はインドネシアを戦略的な拠点・国防資源の供給地として、「帝国領土」に編入したからである。インドネシアは大東亜会議への参加を求める。しかし日本政府は招請状を送らなかった。

大東亜会議に参加したアジア諸国が織り成す複雑な国際政治の力学は、同書の分析が冴えわたっている。

タイは招請に対して最後まで渋った。英米の連合国と日本とのあいだにあって、自国の自立性を確保する現実主義がそうさせた。ピブン首相の不参加の意志は固かった。直前になって代理としてワンワイタヤコンが出席することになった。

参加した各国代表の演説のなかで、同書が注目するのはフィリピンのラウレルの発言である。ラウレルの演説は、西洋植民地主義の復活を拒否する一方で、日本の盟主的な地位をも否定している。「日本帝国のみの利益の為でなく〔……〕各構成国家の自由自主を認め」とのラウレルの発言は、他のすべての参加国にも共通して認めることができる大東亜会議の積極的な意義を示している。

大東亜共同宣言と重光葵

大東亜会議が発表する大東亜共同宣言は、このような参加国の意志が反映されなければならなかった。大東亜共同宣言の原案作成を主導したのは重光（葵）外相である。一八八七（明治二〇）年生まれの重光は、東京帝国大学卒業後、外務省に入省、一九三〇年代には外務次官、駐ソ大使、駐英大使などの要職を歴任する。

本格的な重光研究の書である武田知己『重光葵と戦後政治』（二〇〇二年）と波多野前掲書を併せ読めば、つぎのことがわかる。重光はアジアの脱植民地化に積極的な姿勢を示している。その具体例が一九四〇（昭和一五）年一一月に中国の汪兆銘「傀儡」政権と結んだ日華基本条約の全面改定である。重光からすればこの条約は、「殆ど支那を植民地扱にせし不平等条約」だった。重光はこの日華基本条約の平等条約化を「大東亜」地域に波及させ、「国内的にも行わるるべきもの」と考えた。

さらに「大東亜」地域の諸国との対等な関係を構築するのであれば、朝鮮と台湾の独立問題も避けてとおることができなくなる。

東条首相は「朝鮮人は真の日本人」と強弁して、植民地主義の存在を否定した。重光にとって東条の強弁はフィクションにすぎなかった。重光は外地参政権の見直しによって、朝鮮人が帝国議会に議席を得られるようになったことを「自治に向かって一歩進めるもの」と評価している（波多野、前掲書）。つぎは外地参政権だった。普通選挙法は内地（日本列島）のみに適用されていた。朝鮮・台湾などの外地は適用範囲外だった。それが昭和二〇年法律第三四号によって、朝鮮・台湾でも直接国税一五円以上の納入者（朝鮮＝五八万人、台湾＝三四万人）に選挙権が認められるようになる。外地参政権の見直しとはこのことを指す（なお外地参政権の見直しにもかかわらず、総選挙の機会はないままに敗戦を迎えることになる）。

このような重光の主導の下で、大東亜共同宣言の原案が作成される。宣言案の本文の第五項に「進んで資源を開放し」と記されていた。この表現に反対したのが海軍である。国防資源の確保の観点から大東亜共同宣言自体に批判的だった海軍は、とくにこの第五項を問題視した（波多野、同上書）。議論の末、原案の表現は残ることになった。

共同宣言の最終案は、重光の外務省が主導する本文と陸海軍の戦略的な関心を反映した前文との不整合がめだつ内容になっている。前文には国防資源の確保と経済支配を示す「自存自衛」の表現がある。それでも本文は「相互に自主独立を尊重」、「互恵」、「経済発展」、「人種的差別を撤廃」、「普《あまね》く文化を交流し進んで資源を開放し」などの文言を掲げている。大東亜共同宣言が全会一致で採択されたのは、この本文が日本とアジア諸国の対等な関係を前提にしていたからである。

以上の大東亜共同宣言をめぐる政府内政治と外交が示唆するように、植民地主義の是非をめぐって、日本自らも変わらざるを得なくなった。日本は「触媒」ではなかった。東南アジアの再植民地化は放棄して、独立を認めることで対等な関係を築く。外地参政権を認めることで内地と外地の支配＝従属関係を是正する。化学反応としてのアジアの脱植民地化をとおして、アジア諸国だけでなく日本も変化していく。

敗戦の合理化

さらに重光は、戦争の行く末を見越して、大東亜共同宣言にもう一つの意図を込める。それは敗戦の合理化である。大東亜共同宣言が大西洋憲章を意識していたことはよく知られている。一九四一年八月一四日の米英共同宣言＝大西洋憲章に記されている「民族自決」、「自由貿易」、「経済協力」などの諸原則に対応するかのように、大東亜共同宣言は作成された。日本と英米の理念は同じである。したがって戦争に敗けても戦争目的は達成される。このように重光は来るべき敗戦を合理化する。重光は胸を張る。たとえ日本が敗北しても「勝利の半〔ば〕は即ち我に存するを認めて可なるべし」。この重光の意図を反映させたのが大東亜共同宣言だった。

アジアを考える

この章のおわりにまとめに代えて、「大東亜」をめぐる戦時外交の歴史が今日に示唆するところを記す。

第一は日本がアジアを自立的に考える際の手がかりである。冒頭で引用した林房雄の「大東亜戦争肯定論」に対する同時代の応答として、中国文学者の竹内好《たけうちよしみ》の論考がある。大東亜共同宣言を「無内容」と批判しながらも、竹内は「大東亜戦争肯定論」に効用を認めている。竹内は言う。「それは何かというと、日本人がアジアを主体的に考え、アジアの運命の打開を、自分のプログラムにのせて実行に移した、という一側面である」（竹内好「日本人のアジア観」『日本とアジア』、初出は一九六四年一月の新聞各紙）。この観点はこれからの日本にとって重要性を増していくに違いない。

第二は多国間協調のなかでの対等な関係の構築である。アジア地域に「指導国」原理を持ち込むと、国際秩序は崩壊する。戦時中の日本のような位置をこれからの中国が占めるようなことになれば、国際秩序は不安定化する。中国が「指導国」になろうとするのか、アジアのなかの一国になろうとするのか、日本は水平的な多国間協調の枠組みの形成に関与する必要がある。

第三はアジアの統合原理である。「アジア化するアジア」（末廣昭『新興アジア経済論』）とは、アジアにおける経済的な相互依存関係が深化していることを指す。このような相互依存関係は、近隣諸国関係の悪化に歯止めをかけて緩やかなアジアの統合を促すだろう。イギリスのEU離脱問題に揺れる欧州は、アジアにとって地域統合の模範ではなくなった。アジアはどのような原理によって地域統合を進めるのか。なぜアジアは連帯しなければならないのか。「大東亜」をめぐる戦時外交の歴史は、これらの問題を原理的に考える際の助けとなるだろう。

おわりに

昭和・平成・令和

敗戦にともなって帝国憲法下の天皇の地位は失われる。他方でアメリカを中心とする連合国は、間接統治による占領政策の円滑化の観点から天皇制の有用性を認める。それはどのような天皇制だったのか。GHQ（連合国軍最高司令官総司令部）が天皇制存続のモデルとして参考にしようとしたのは、イギリスの立憲君主制だった（君塚直隆『立憲君主制の現在』）。ここに戦前昭和の天皇にとって模範国だったイギリスが戦後昭和の模範国として復活することになる。

一九四六（昭和二一）年の元日、「新日本建設に関する詔書」（「人間宣言」）が発布される。この年、二月一九日から天皇の全国巡幸が始まる。この全国巡幸をとおして、「人間宣言」に基づく戦後の新しい天皇像が国民に伝わる。平服姿の天皇の写真を撮ることに制限はなかった。

翌年五月三日、日本国憲法が施行される。日本国憲法は日米合作によるイギリスを模範国とする国の憲法である。帝国憲法と日本国憲法の大きな違いにもかかわらず、戦前と戦後をとおして、日本は立憲君主国であり、立憲君主国の枠組みのなかで象徴天皇の国になった。

象徴天皇の外遊は不可避的に政治的なニュアンスを帯びる。昭和の戦争の歴史に区切りをつけなければならなかった。昭和天皇が国内では沖縄、国外では中国への訪問にこだわりながら果たせなかったことはよく知られている。沖縄訪問と訪中はつぎの天皇に託される。訪中は一九九二(平成四)年一〇月二三日、沖縄訪問は翌年四月二三日に実現する。昭和の戦争の歴史に区切りがついたのは、平成時代になってからのことだった。

令和の時代はどうなるか。平成時代の始まりの即位後朝見の儀において、天皇は「皆さんとともに日本国憲法を守り」と述べている。令和の時は「常に国民を思い、国民に寄り添いながら、憲法にのっとり」となっている。「皆さん」は「国民」に、「日本国憲法」は「憲法」に、それぞれ変わっている。国民のなかには自分たちを「皆さん」と対等に呼びかけるのではない威厳のある天皇像を理想とする人たちがいる。日本国憲法の改正を求める人たちもいる。このような表現になっているのは、天皇の地位が「日本国民の総意」に基づいていることを考慮しての慎重な文言の選択の結果と推測できる。

いずれの新聞の世論調査でも新天皇への国民の期待は「国際親善」である。新天皇の立憲君主国日本は、学術・文化を重んじる先進民主主義国として、国際社会のなかで重要な地位を占めていくことが期待される。

戦前・戦後の連続性——国内の政治社会

政党内閣崩壊後の政党は、自ら解党して大政翼賛会に参入する。政党内閣が復活するのは敗戦後のことだった。この過程は紆余曲折に満ちている。本論の言及の不足を近年の研究に依拠して補う。

政党内閣崩壊後に成立した「挙国一致」内閣は、政界の浄化を目的として、選挙粛正運動を展開する。官僚主導の選挙粛正運動は、政友会と民政党に政治的なダメージを与えたとされる。このような通説的理解に対して、官田光史『戦時期日本の翼賛政治』は新しい見方を提示する。同書によれば、政党は選挙粛正運動に協力することで国民の信頼の回復に努めている。

それにもかかわらず、政党を攻撃しつづけたのは、新聞メディアだった。新聞は選挙をめぐる取り締まり当局の「厳罰主義」を「立憲政治」の「擁護」の立場から支持した。同書はつぎのような具体例を挙げる。既成政党（政友会と民政党）は一九三六（昭和一一）年二月二〇日の衆議院総選挙において選挙粛正運動に協力しながら、議席の大半（約八〇パーセント）を獲得する（政友会一七一議席、民政党二〇五議席）。それでも新聞ジャーナリズムの既成政党批判は止まなかった。『読売新聞』は批判する。「選挙民としては、既成政党に愛想をつかして居っても、これに代わるべきものを与えられて居らぬのである」。『東京日日新聞』も既成政党が大半を占めた選挙結果に疑義を呈する。「純正なる選挙粛正という根本的精神から見たら、真に妥当といい得るか、否か、頗《すこぶ》る疑問があるといわねばならない」。政党を攻撃したのは官僚というよりも新聞メディアだった。ここでもメディアの政治的な重要性が浮上する。

政党内閣崩壊後の「挙国一致」内閣期に政党と官僚の関係も変容を遂げる。米山忠寛『昭和立憲制の再建　1932～1945年』によれば、政党政治の興隆期には「官僚の政党化」が著しかった。官僚の一部は官界から政界へ転身する。ところが「挙国一致」内閣期になると、政党政治家でなくても官僚から直接、入閣できるようになった。官僚出身の国務大臣の数は、斎藤（実）内閣＝一人、岡田（啓介）内閣＝三人、広田（弘毅）内閣＝のべ三人である。官僚の入党者が減少して、政党は人材不足、首相候補の不在に悩まされる。こうなると政党に対する革新官僚の政治的な独立性が高まる。革新官僚は政党をバイパスして直接、政治に関与できるようになる。

新聞メディアの政党攻撃と政党からの官僚の政治的な独立によって、政党内閣復活の可能性は遠のく。そこへ日中戦争が起きる。日中戦争の勃発は政党にとって好機到来だった。米山前掲書によれば、戦時体制の確立の必要性が「国内の各政治勢力に和解と妥協を強いることになった」からである。

政党勢力の復権は、自ら解党して大政翼賛会に参入したことによって、かえって強まる。米山前掲書が指摘するように、政党は解党したとはいっても、旧既成政党勢力がそのまま大政翼賛会へ流入したからである。

さらに一九四二(昭和一七)年の翼賛選挙でも推薦候補の多数を占めたのは、現職の旧既成政党出身者だった。加えて官僚出身者や軍人が新人候補として当選した。米山前掲書によれば、「議会は再び国内各政治勢力を包摂する場となり、立憲政治の基盤が再構築されることになった」。こうして戦時体制下、旧政党勢力を中心とする議会勢力は力を増していた。

そこへ敗戦が訪れる。敗戦は政党を復活させる。一九四二年の翼賛選挙で非推薦候補ながら当選した経歴を戦時中のアリバイとして、鳩山一郎は旧政友会を基礎とする日本自由党を旗揚げする。他方の旧民政党系は幣原喜重郎を事実上の総裁に戴いて、日本進歩党を結成する。

一九四六（昭和二一）年四月一〇日の衆議院総選挙において、戦前の旧政党勢力は完全復活を果たす。第一党は鳩山の自由党だった。ところが翌月三日、占領軍は鳩山の公職追放を指令する。翼賛選挙での非推薦候補としての当選の経歴は、役に立たなかった。

首相は幣原が続投する。あとにつづく首相も外務官僚出身が多かった。芦田均のように戦前、政友会入りした元外交官もいれば、吉田茂のように戦後、不承不承、入党したものの、政党から独立した外務官僚出身者として政治を運営する者もいた。さらに鳩山も公職追放解除後、首相の座に就く。

このように政党勢力の戦前と戦後の連続性は強かった。加えて官僚機構は戦前から戦後へ温存されただけではなかった。戦前の政党政治の興隆期と同様に、官僚の政治への接近が進み、今に至っている。二〇一四（平成二六）年に内閣人事局が新設される。官邸主導で幹部クラスの官僚数百名の人事が決まる。官邸の意向を受ける官邸官僚が影響力を持つようになる。官僚は事務次官に至る出世コースをたどらなくても、政治任用によって重要なポストに就けば、政治に関与することができるようになった。官邸官僚は戦前の革新官僚に似る。

さらに戦前昭和において新聞メディアが政党に及ぼした影響と比較すれば、メディアの政治的影響力はより広い範囲で強くなっている。メディアと政党の関係は古くて新しい問題である。

戦前・戦後の連続性――格差問題

戦前と戦後の連続性が強かったのは、女性の地位向上・男女の性差による格差の問題も同様である。敗戦後の一九四五(昭和二〇)年一〇月一一日、幣原(喜重郎)内閣は選挙年齢を二五歳以上から二〇歳以上へ、被選挙年齢を三〇歳以上から二五歳以上へそれぞれ引き下げるとともに、女性に選挙権・被選挙権を認める旨、閣議決定した。閣議後、幣原はマッカーサー連合国軍最高司令官から日本政府に対する改革の要求を受け取る。そのなかには婦人参政権も入っていた。幣原内閣は占領当局に先手を打って改革に乗り出した。議会では婦選付与の理由として、戦時下の女性の能力と実績が挙げられている。女性参政権を含む改正衆議院議員選挙法はこの年一二月一七日に公布される。翌年四月一〇日、この改正法に基づいて戦後初の総選挙が実施される。女性議員が三九人誕生する。この数は戦後の昭和時代をとおして最高記録となる。

しかしこれで一件落着とはならなかった。市川房枝は戦後も活動をつづけて、自ら国会議員となる。男女の性差による格差(機会の格差)の是正の問題は、今もつづいている。

戦時下に加速した小作農民と地主の社会的な格差の是正は、戦争を経てさらに進む。雑誌『家の光』を拠点として、農業改良運動を主導していた千石興太郎《せんごくこうたろう》は、産業組合中央会会頭などの要職を経て、一九三八（昭和一三）年からは貴族院議員になっている。敗戦後も公職追放を受けずに活動をつづける。戦後最初の内閣＝東久邇宮《ひがしくにのみや》（稔彦《なるひこ》）内閣に農商大臣として入閣する。

敗戦の翌年一〇月、改正農地調整法と自作農創設特別措置法の成立によって、農地改革が実行される。この農地改革によって、地主は山林を除く多くの耕地を失うことになった。代わりに自作農が創設される。こうして地主に対する農民の地位は相対的に向上していく。

他方で戦争末期と敗戦初期を除けば、昭和期全体をとおして、地方から都市への人口移動の潮流は変わらなかった。第一次産業から第三次産業への人口移動も抑えようがなかった。この傾向は「地方創生」が唱えられる今日においても同じである。戦前昭和の農業改良運動以上の具体的な農業政策が求められている。

労働者と資本家の社会的な格差の是正も進む。敗戦後、財閥は軍閥と結託していたと非難された。対する資本家は、たとえば三菱財閥の岩崎小弥太《いわさきこやた》がつぎのように釈明している。「三菱は国家社会に対する不信行為は未だかつてなした覚えはなく、また軍部官僚と結んで戦争を挑発したこともない。〔……〕顧みて恥ずべき何ものもない」。

しかしながら一九四五（昭和二〇）年一一月の会社解散制限令の公布をきっかけとして、財閥解体が進む。財閥本社は解散する。財閥家族の企業支配も排除される。さらに労働組合の育成を奨励するGHQの基本方針に基づいて、日本政府は労働組合法（一九四五年一二月）、労働関係調整法（一九四六年九月）、労働基準法（一九四七年四月）を成立させる。戦後労働改革が進展する。労働者と資本家の社会的な格差の是正によって、戦後経済復興の基盤が形成される。

今日では「働き方改革」が議論されているように、労働環境の問題は複雑化している。歴史的な経緯を踏まえて政策が論じられるべきである。

経済の連続性に関しては確認するまでもなく、多くのことが明らかになっている。戦争で工場が破壊されても、工業製品の製造方法まで破壊されることはなかった。敗戦の混乱を経て、日本経済は復興が進む。

さらに「高度経済成長」が実現する。「高度経済成長」を加速したのは「所得倍増計画」である。「所得倍増計画」には戦時統制経済＝計画経済との連続性を認めることができる。この計画の実質的な立案者のひとり大来佐武郎《おおきたさぶろう》は、戦時中、電力国家管理を進めていた逓信省に入省した官僚であり、大東亜省で戦時統制経済の実務を担当していた。戦後の「高度経済成長」は自由放任ではなく、計画に基づいていた。これからの国家経済の運用は、自由と統制、政治家と官僚の複雑な均衡保持の下でおこなわれなければならないだろう。

戦前昭和の外交の歴史的な示唆

日米間には戦争に訴えなければ解決ができないような問題はなかった。そうだからこそ敗戦後の日米関係の修復は急速に進む。アメリカによる占領と戦後改革は日米の合作だった（五百旗頭真『占領期』）。他方で戦後の日米関係が敗者と勝者の関係として再出発したのもまちがいなかった。幣原喜重郎にしても吉田茂にしても、戦前昭和においては日米協調関係を支えながらも、戦後、政治指導者になると、自立を求めて抵抗する。しかし冷戦下、従属的な関係がつづく。

日米の非対称的な外交関係は、冷戦の終結にともなって責任分担の時代を迎える。さらに冷戦期とは異なって、力の相対的な低下を背景とするアメリカの自国優先主義の傾向が強まる。国際秩序に対するアメリカの関与が限定的になっているとすれば、国際状況は一九三〇年代に類似する。戦前昭和の日米関係は歴史的な示唆を与えるだろう。

対日戦争が終わったあと、大陸中国では内戦が勃発する。中国は大陸の中華人民共和国と台湾に分断される。冷戦の力学が分断を固定する。長くつづいた冷戦が終結したにもかかわらず、中国は分断国家のままである。どちらの国も発展を遂げる。再び日本外交にとって中国がもっとも重要な焦点となる。加えて大陸の中国は大国化が著しい。戦前昭和の外交の失敗が対中国外交の失敗だったとすれば、今日の日本外交も失敗が許されないのは、対中国外交である。

当時と今とのあいだに大きな違いもある。戦前昭和においては中国ナショナリズムに対する共感があった。今ではどの世論調査でも中国に親しみを感じる、あるいは日中関係を良好と思う日本人は少なくなっている。一九二〇年代から三〇年代にかけて、協調から対立に向かいながらも、信頼醸成を試み、外交関係の修復をめざした戦前昭和の歴史から学ぶことは多い。

戦前昭和と今日との連続性を強く意識させるのが日韓関係である。争点となっている「徴用工」問題や「従軍慰安婦」問題の歴史的起源が戦前にあることはいうまでもない。

敗戦の年の一二月、外務省のある文書（「経済的観点より見たる我国朝鮮統治政策の性格と其の問題」）は、戦前の植民地統治を批判しながらも、植民地政策の延長線上で戦後の対隣国関係を展望している。

翌年になると、鈴木《すずき》武雄《たけお》元京城帝大教授が雑誌（『世界』一九四六年五月号）に「朝鮮統治への反省」を発表する。鈴木の「反省」は、「朝鮮農村に残存する半封建的土地関係の遺制」という「根本的課題の解決をなし得なかったこと」に求めている。鈴木は指摘する。「それは皮肉にも課題の『内鮮一体』であった」。

冷戦状況下でこのような植民地統治をめぐる原理的な考察はあと回しになった。このことが今日の日韓関係に間接的な影響を及ぼして、戦前の問題が顕在化しているのかもしれない。

日韓関係はどうなるべきか。たとえばさきの外務省の報告書は、戦後の朝鮮半島の国家との間で協調的な経済相互依存関係の形成を構想している。この発想は出口のみえない日韓関係を考える手がかりになるだろう。あるいは鈴木の論考の趣旨を今日の国際的な文脈で再解釈すれば、日韓関係の行く末は、共通の目標を設定できるか否かにかかっていることがわかる。

以上要するに、戦前昭和の歴史から学ぶべきは、多国間協調のなかでの二国間関係の調整をとおして、国際秩序を構想する外交力の重要性である。

参考文献

はじめに

井上寿一『戦前昭和の社会　1926―1945』（講談社現代新書、二〇一一年）
講談社編『昭和　二万日の全記録　第1巻　昭和への期待　昭和元年―3年』（講談社、一九八九年）
成田龍一『大正デモクラシー　シリーズ日本近現代史④』（岩波新書、二〇〇七年）

Ⅰ章

伊藤之雄『昭和天皇伝』（文藝春秋、二〇一一年）
伊藤之雄・古川隆久「昭和天皇の決断と責任」（『中央公論』二〇一二年九月号）
井上寿一『昭和史の逆説』（新潮新書、二〇〇八年）
君塚直隆『立憲君主制の現在　日本人は「象徴天皇」を維持できるか』（新潮選書、二〇一八年）
宮内庁『昭和天皇実録　第五』（東京書籍、二〇一六年）
宮内庁『昭和天皇実録　第七』（東京書籍、二〇一六年）
宮内庁『昭和天皇実録　第八』（東京書籍、二〇一六年）
小堀桂一郎『昭和天皇論・続』（教文選書、一九八九年）
末松太平『私の昭和史』（みすず書房、一九六三年）
高橋紘『陛下、お尋ね申し上げます　記者会見全記録と人間天皇の軌跡』（文春文庫、一九八八年）
髙橋紘『人間　昭和天皇　上』（講談社、二〇一一年）

筒井清忠『昭和期日本の構造　その歴史社会学的考察』（有斐閣、一九八四年）
筒井清忠編『昭和史講義』（ちくま新書、二〇一五年）
ハーバート・ビックス（吉田裕監修／岡部牧夫・川島高峰・永井均訳）『昭和天皇（上・下）』（講談社学術文庫、二〇〇五年）
原田熊雄述『西園寺公と政局　第一巻』（岩波書店、一九五〇年）
古川隆久『昭和天皇　「理性の君主」の孤独』（中公新書、二〇一一年）
牧野伸顕（伊藤隆・広瀬順晧編）『牧野伸顕日記』（中央公論社、一九九〇年）
升味準之輔『昭和天皇とその時代』（山川出版社、一九九八年）

Ⅱ章

井上寿一『戦前昭和の社会　1926―1945』（講談社現代新書、二〇一一年）
井上寿一『理想だらけの戦時下日本』（ちくま新書、二〇一三年）
井上寿一『戦争調査会　幻の政府文書を読み解く』（講談社現代新書、二〇一七年）
井上寿一『日中戦争　前線と銃後』（講談社学術文庫、二〇一八年）
進藤久美子『市川房枝と「大東亜戦争」　フェミニストは戦争をどう生きたか』（法政大学出版局、二〇一四年）
永原和子「女性はなぜ戦争に協力したか」（藤原彰・今井清一・宇野俊一・粟屋憲太郎編『日本近代史の虚像と実像　3　満州事変～敗戦』大月書店、一九八九年）
中村隆英『昭和史　Ⅰ』（東洋経済新報社、一九九三年）
橋田壽賀子「私の履歴書」（『日本経済新聞』二〇一九年五月四、五、六、九、一〇、二三、二九日）
早坂隆『日本の戦時下ジョーク集　満州事変・日中戦争篇』（中公新書ラクレ、二〇〇七年）

林芙美子『北岸部隊』（中公文庫、二〇〇二年）

Ⅲ章

井上寿一『戦前昭和の社会　1926―1945』（講談社現代新書、二〇一一年）
井上寿一『昭和の戦争』（講談社現代新書、二〇一六年）
井上寿一『機密費外交』（講談社現代新書、二〇一八年）
江口圭一『昭和の歴史　4巻　十五年戦争の開幕』（小学館、一九八二年）
金子龍司「『民意』による検閲――『あゝそれなのに』から見る流行歌統制の実態」（『日本歴史』七九四号、二〇一四年）
金子龍司「日中戦争期の『洋楽排撃論』に対する日本放送協会・内務省の動向」（『日本史研究』六二八号、二〇一四年）
金子龍司「太平洋戦争末期の娯楽政策――興行取締りの緩和を中心に」（『史学雑誌』第一二五編一二号）
佐藤卓己『言論統制　情報官・鈴木庫三と教育の国防国家』（中公新書、二〇〇四年）
佐藤卓己『現代メディア史　新版』（岩波書店、二〇一八年）
辻田真佐憲『大本営発表　改竄・隠蔽・捏造の太平洋戦争』（幻冬舎新書、二〇一六年）
筒井清忠『昭和戦前期の政党政治　二大政党制はなぜ挫折したのか』（ちくま新書、二〇一二年）
筒井清忠『戦前日本のポピュリズム　日米戦争への道』（中公新書、二〇一八年）
逓信省・日本放送協会共編『第一回全国ラジオ調査報告』（日本放送協会、一九三四年）国立国会図書館デジタルコレクション
原田熊雄述『西園寺公と政局　第三巻』（岩波書店、一九五一年）
半藤一利『昭和史　1926―1945』（平凡社、二〇〇四年）

坂野潤治・宮地正人編『日本近代史における転換期の研究』（山川出版社、一九八五年）
古川ロッパ（滝大作監修）『古川ロッパ昭和日記・戦前篇』（晶文社、一九八七年）
保阪正康『大本営発表という権力』（講談社文庫、二〇〇八年）
丸山鐵雄『ラジオの昭和』（幻戯書房、二〇一二年）

Ⅳ章

井手英策『高橋財政の研究　昭和恐慌からの脱出と財政再建への苦闘』（有斐閣、二〇〇六年）
井上寿一『戦争調査会　幻の政府文書を読み解く』（講談社現代新書、二〇一七年）
井上寿一『日中戦争　前線と銃後』（講談社学術文庫、二〇一八年）
井上光貞ほか編『日本歴史大系　5　近代Ⅱ』（山川出版社、一九八九年）
大野健一『途上国ニッポンの歩み　江戸から平成までの経済発展』（有斐閣、二〇〇五年）
大森映『労農派の昭和史　大森義太郎の生涯』（三樹書房、一九八九年）
サトウハチロー『僕の東京地図』（有恒社、一九三六年）
『自然』一九七八年一二月増刊号（中央公論社）
高橋是清『随想録』（中公文庫、二〇一八年）
『東京朝日新聞』（一九三二年一一月一二日七頁）
中村隆英『昭和経済史』（岩波書店、一九八六年）
中村隆英『昭和史　Ⅰ』（東洋経済新報社、一九九三年）
中村政則『日本の歴史　29　労働者と農民』（小学館、一九七六年）
西成田豊「日本的労使関係の史的展開（上）：一八七〇年代〜一九九〇年代」（『一橋論叢』第一一三巻第六号、一九九五年六月号）

坂野潤治・宮地正人編『日本近代史における転換期の研究』（山川出版社、一九八五年）

Ⅴ章

雨宮昭一『戦時戦後体制論』（岩波書店、一九九七年）
井上寿一『戦前昭和の社会　1926―1945』（講談社現代新書、二〇一一年）
井上寿一『政友会と民政党』（中公新書、二〇一二年）
井上寿一『日中戦争　前線と銃後』（講談社学術文庫、二〇一八年）
斎藤修「農民の時間から会社の時間へ：日本における労働と生活の歴史的変容」（『社会政策学会誌』一五巻、二〇〇六年）
佐藤健太郎『「平等」理念と政治　大正・昭和戦前期の税制改正と地域主義』（吉田書店、二〇一四年）
週刊朝日編『値段史年表　明治・大正・昭和』（朝日新聞社、一九八八年）
高岡裕之『総力戦体制と「福祉国家」　戦時期日本の「社会改革」構想』（岩波書店、二〇一一年）
筒井清忠『昭和期日本の構造　その歴史社会学的考察』（有斐閣、一八八四年）
内務省警保局保安課『特高月報　昭和十年五月分』
沼尻正之「昭和期における平準化の進展――戦前・戦中・戦後」（筒井清忠編『昭和史講義2』ちくま新書、二〇一六年）
橋本健二『「格差」の戦後史　階級社会日本の履歴書』（河出ブックス、二〇〇九年）
林茂編者代表『二・二六事件秘録　（一）』（小学館、一九七一年）
坂野潤治『〈階級〉の日本近代史　政治的平等と社会的不平等』（講談社選書メチエ、二〇一四年）
三谷太一郎『近代日本の戦争と政治』（岩波書店、一九九七年）
山之内靖『総力戦体制』（ちくま学芸文庫、二〇一五年）

Ⅵ章

石橋湛山(石橋湛山全集編纂委員会編)『石橋湛山全集　第八巻』(東洋経済新報社、一九七一年)
井上寿一『昭和史の逆説』(新潮新書、二〇〇八年)
井上寿一『政友会と民政党』(中公新書、二〇一二年)
井上寿一『日中戦争　前線と銃後』(講談社学術文庫、二〇一八年)
岡義武『転換期の大正』(岩波文庫、二〇一九年)
幣原平和財団編著者兼発行者『幣原喜重郎』(幣原平和財団、一九五五年)
筒井清忠編『昭和史講義』(ちくま新書、二〇一五年)
筒井清忠『戦前日本のポピュリズム　日米戦争への道』(中公新書、二〇一八年)
三谷太一郎「政党内閣期の条件」(中村隆英・伊藤隆編『近代日本研究入門』東京大学出版会、一九七七年)
村井良太『政党内閣制の展開と崩壊　一九二七〜三六年』(有斐閣、二〇一四年)

Ⅶ章

雨宮昭一『戦時戦後体制論』(岩波書店、一九九七年)
井上寿一『政友会と民政党』(中公新書、二〇一二年)
井上寿一『戦前昭和の国家構想』(講談社選書メチエ、二〇一二年)
井上光貞ほか編『日本歴史大系　5　近代Ⅱ』(山川出版社、一九八九年)
大蔵省昭和財政史編集室編『昭和財政史　第五巻　租税』(東洋経済新報社、一九五七年)
岡田啓介(岡田貞寛編)『岡田啓介回顧録』(中公文庫、一九八七年)

迫水久常『機関銃下の首相官邸　二・二六事件から終戦まで』（ちくま学芸文庫、二〇一一年）
筒井清忠『近衛文麿　教養主義的ポピュリストの悲劇』（岩波現代文庫、二〇〇九年）
内務省社会局労働部『官吏減俸問題に関する調査』（一九三一年）国立国会図書館デジタルコレクション
中村隆英『昭和経済史』（岩波書店、一九八六年）
中村隆英『昭和史　Ⅰ』（東洋経済新報社、一九九三年）
野口悠紀雄『１９４０年体制　「さらば戦時経済」』（東洋経済新報社、一九九五年）
橋川文三『昭和ナショナリズムの諸相』（名古屋大学出版会、一九九四年）
坂野潤治『〈階級〉の日本近代史　政治的平等と社会的不平等』（講談社選書メチエ、二〇一四年）
矢次一夫『昭和動乱私史　上』（経済往来社、一九八五年）
蠟山政道『議会・政党・選挙』（日本評論社、一九三五年）国立国会図書館デジタルコレクション
若月剛史『戦前日本の政党内閣と官僚制』（東京大学出版会、二〇一四年）

Ⅷ章

井上寿一『危機のなかの協調外交　日中戦争に至る対外政策の形成と展開』（山川出版社、一九九四年）
井上寿一『昭和史の逆説』（新潮新書、二〇〇八年）
井上寿一『政友会と民政党』（中公新書、二〇一二年）
井上寿一『第一次世界大戦と日本』（講談社現代新書、二〇一四年）
井上寿一『戦争調査会　幻の政府文書を読み解く』（講談社現代新書、二〇一七年）
今井清一・高橋正衛編『現代史資料（4）』（みすず書房、一九六三年）
岡義武『転換期の大正』（岩波文庫、二〇一九年）
酒井哲哉「『英米協調』と『日中提携』」（近代日本研究会編『年報・近代日本研究　11』山川出版社、一九

八九年）
篠原初枝『国際連盟　世界平和への夢と挫折』（中公新書、二〇一〇年）
篠原初枝「国際連盟外交——ヨーロッパ国際政治と日本」（井上寿一編『日本の外交　第1巻　外交史　戦前編』岩波書店、二〇一三年）
城山三郎『落日燃ゆ』（新潮文庫、一九八六年）
戦前期官僚制研究会編／秦郁彦著『戦前期日本官僚制の制度・組織・人事』（東京大学出版会、一九八一年）
戸部良一『外務省革新派　世界新秩序の幻影』（中公新書、二〇一〇年）
服部龍二『広田弘毅「悲劇の宰相」の実像』（中公新書、二〇〇八年）
服部龍二『増補版　幣原喜重郎　外交と民主主義』（吉田書店、二〇一七年）
日暮吉延『東京裁判』（講談社現代新書、二〇〇八年）
松本清張『新装版　昭和史発掘（2）』（文春文庫、二〇〇五年）
柳原正治・篠原初枝編『安達峰一郎　日本の外交官から世界の裁判官へ』（東京大学出版会、二〇一七年）

Ⅸ章

稲葉正夫ほか編『太平洋戦争への道　開戦外交史《新装版》　別巻　資料編』（朝日新聞社、一九八八年）
井上寿一『昭和史の逆説』（新潮新書、二〇〇八年）
井上寿一『昭和の戦争』（講談社現代新書、二〇一六年）
井上寿一『戦争調査会　幻の政府文書を読み解く』（講談社現代新書、二〇一七年）
大蔵省昭和財政史編集室編『昭和財政史　第四巻　臨時軍事費』（東洋経済新報社、一九五五年）
小池聖一「海軍は戦争に反対したか」（藤原彰ほか編『日本近代史の虚像と実像　3　満州事変〜敗戦』大

月書店、一九八九年）
参謀本部編『杉山メモ　上』（原書房、一九六七年）
須藤眞志『真珠湾〈奇襲〉論争　陰謀論・通告遅延・開戦外交』（講談社選書メチエ、二〇〇四年）
筒井清忠編『昭和史講義』（ちくま新書、二〇一五年）
筒井清忠編『昭和史講義2』（ちくま新書、二〇一六年）
秦郁彦『昭和史の軍人たち』（文春文庫、一九八七年）
波多野澄雄『「大東亜戦争」の時代　日中戦争から日米英戦争へ』（朝日出版社、一九八八年）
細谷千博編『日米関係通史』（東京大学出版会、一九九五年）
牧野邦昭『経済学者たちの日米開戦　秋丸機関「幻の報告書」の謎を解く』（新潮選書、二〇一八年）

X章

朝日新聞テーマ談話室編『戦争　体験者の貴重な証言　1』（朝日文庫、一九九〇年）
井上寿一『昭和の戦争』（講談社現代新書、二〇一六年）
上山春平「大東亜戦争の思想史的意義」（『中央公論』一九六一年九月号）
上山春平「大東亜戦争の意義について」（『中央公論』一九六四年三月号）
クリストファー・ソーン（市川洋一訳）『米英にとっての太平洋戦争　上巻』（草思社、一九九五年）
信夫清三郎『「太平洋戦争」と「もう一つの太平洋戦争」　第2次大戦における日本と東南アジア』（勁草書房、一九八八年）
ジョン・W・ダワー（猿谷要監修・斎藤元一訳）『人種偏見　太平洋戦争に見る日米摩擦の底流』（TBSブリタニカ、一九八七年）
末廣昭『新興アジア経済論　キャッチアップを超えて』（岩波書店、二〇一四年）

竹内好「日本人のアジア観」『日本とアジア』（ちくま学芸文庫、一九九三年）
武田知己『重光葵と戦後政治』（吉川弘文館、二〇〇二年）
波多野澄雄『太平洋戦争とアジア外交』（東京大学出版会、一九九六年）
林房雄「大東亜戦争肯定論」（『中央公論』一九六三年九月号）
深田祐介『黎明の世紀　大東亜会議とその主役たち』（文藝春秋、一九九一年）
『毎日新聞』（一九六四年九月二六日〈夕刊〉三頁、一九六五年一二月七日〈夕刊〉五頁）
百瀬孝（伊藤隆監修）『事典　昭和戦前期の日本　制度と実態』（吉川弘文館、一九九〇年）
『読売新聞』（一九六四年一〇月九日〈夕刊〉三頁）

おわりに

五百旗頭真『占領期　首相たちの新日本』（講談社学術文庫、二〇〇七年）
井上寿一『終戦後史　１９４５―１９５５』（講談社選書メチエ、二〇一五年）
官田光史『戦時期日本の翼賛政治』（吉川弘文館、二〇一六年）
君塚直隆『立憲君主制の現在　日本人は「象徴天皇」を維持できるか』（新潮選書、二〇一八年）
国分良成編『中国は、いま』（岩波新書、二〇一一年）
鈴木武雄「朝鮮統治への反省」（『世界』一九四六年五月号）
百瀬孝『事典　昭和戦後期の日本　占領と改革』（吉川弘文館、一九九五年）
米山忠寛『昭和立憲制の再建　１９３２～１９４５年』（千倉書房、二〇一五年）

あとがき

本書は先達の余沢を蒙っている。記して感謝申し上げる。昭和史に関連する著作の数は膨大で、読めども読めども切りがない。言及できたのは限られた範囲に止まる。記してご海容を請う。

昭和史を知りたければ、たとえば書店でこれらの本を手にとり、あるいはインターネット経由で史料映像を視聴することで事足りる。屋上屋を架す必要はない。それなのになぜ本書を世に問うのか。

不満があるからである。ないものねだりかもしれない。専門家による非専門書はむずかしい。歴史事典と首っ引きでないと、読み進めるのに難儀する。学術論文や研究書であれば、予備知識と専門用語が共有されている読者向きだから、それでもかまわない。非専門書となると話は別である。新書の難易度は大学生の語彙力のレベルと聞く。そうだとすれば、難易度を下げなくてはならない。今日の大学生の平均的な語彙力は、「新書」を「新しい本」と誤解するのに見合った程度のレベルだからである。

作家やジャーナリストなどの非専門家による非専門書はどうか。たとえば「司馬（遼太郎）史観」の本というような表現がある。このような作家の個人名の付く歴史観に基づく著作は、その物語性と相まって、読者を魅了する。ジャーナリストは「スクープ」史料に基づくセンセーショナルな著作によって、読書界に衝撃を与える。テレビ番組の書籍化にこの傾向が強い。どちらも共通する難点がある。研究の知見を前提にしているのか、疑問が残る。歴史小説はフィクションであっても、史実を踏まえるのは当然だろう。「スクープ」史料はほんとうに「スクープ」なのか。研究史のなかに位置づけなければわからない。共通する難点は専門研究の知見による裏づけの弱さである。

そこで自分が読みたい本を書いてみることにした。専門研究と非専門研究に架橋する。架橋の方法の一つとして、エピソード記述を織り交ぜる。片意地を張らない文体になるように心がける。既知と未知のギャップを埋める。研究者にとっては説明するまでもない既知のことであっても、読者にとっては未知のことも多い。このようなギャップを埋めながら、新しい知見を提供する。こうしてできあがったのが本書である。

どの論点を選択するか。本書の編集を担当していただいた講談社の所澤淳氏と相談しながら進めた。昭和戦前史に関する多数の論点と著者の力量とのバランスにおいて、切りよく一〇の論点とすることにこだわった。守備範囲外の論点にも挑戦した。政治史・外交史の色彩が強い類書に対して、少しでも独自性を出すには「女性」や「メディア」などの項目が欠かせないと判断したからである。無謀な試みだったかもしれない。それでも書いていてもっとも楽しかったのは、これらの章だった。

一話完結の形式なので、どの章からお読みいただいてもかまわない。おもしろそうな章からランダムに別の章へ、章の配列とは関係なく、結果的にすべての章をお読みいただければ、著者として本望である。

昭和戦前史がバッドエンドであることは誰もが知っている。それなのに七〇年以上を経た現在に至っても、人びとを惹きつけて止まないのはなぜか。希望と絶望、理想と現実、善と悪、これらの二項対立のあいだで、平和を求めながらも戦争に至る。戦前昭和とはこのような時代だったからである。

戦前昭和の歴史から何を得るかは人それぞれだろう。ある人は不戦の誓いを強くする。別の人は組織の失敗事例として教訓を学ぶ。歴史的想像力を働かせて、戦前昭和の時代をふりかえれば、今日に示唆するところは多い。

戦前昭和の人びとは、安逸な生活に流れることを戒め、困難に立ち向かうことを励ます。本書を書きながら、もっとも強く実感したのはこのことである。これからも昭和史を書きつづけたい。

二〇〇五年から毎年一冊、単著を出版する。そう決意して今年で一五年目を迎える。「粗製」ではあっても「乱造」というほどではないだろう。それでもこの連続記録が途切れないでいられるのは、本書で九冊目の編集を手がけてくださった所澤淳氏のおかげである。ここであらためて深謝申し上げる。最初の読者兼批評家としての所澤氏のコメントにどれほど助けられたか、測り知れないほどである。

井上寿一

二〇一九年九月

講談社現代新書　2550

論点別《ろんてんべつ》　昭和史《しょうわし》　戦争《せんそう》への道《みち》

二〇一九年一一月二〇日第一刷発行

著者　井上寿一《いのうえとしかず》　© Toshikazu Inoue 2019

発行者　渡瀬昌彦

発行所　株式会社講談社

東京都文京区音羽二丁目一二―二一　郵便番号一一二―八〇〇一

電話　〇三―五三九五―三五二一　編集（現代新書）

〇三―五三九五―四四一五　販売

〇三―五三九五―三六一五　業務

装幀者　中島英樹

印刷所　株式会社新藤慶昌堂

製本所　株式会社国宝社

定価はカバーに表示してあります　Printed in Japan

本書のコピー、スキャン、デジタル化等の無断複製は著作権法上での例外を除き禁じられています。本書を代行業者等の第三者に依頼してスキャンやデジタル化することは、たとえ個人や家庭内の利用でも著作権法違反です。Ⓡ〈日本複製権センター委託出版物〉複写を希望される場合は、日本複製権センター（電話〇三―三四〇一―二三八二）にご連絡ください。

落丁本・乱丁本は購入書店名を明記のうえ、小社業務あてにお送りください。送料小社負担にてお取り替えいたします。なお、この本についてのお問い合わせは、「現代新書」あてにお願いいたします。

N.D.C. 210.7　252p　18cm

ISBN978-4-06-517862-1

「講談社現代新書」の刊行にあたって

教養は万人が身をもって養い創造すべきものであって、一部の専門家の占有物として、ただ一方的に人々の手もとに配布され伝達されうるものではありません。

しかし、不幸にしてわが国の現状では、教養の重要な養いとなるべき書物は、ほとんど講壇からの天下りや単なる解説に終始し、知識技術を真剣に希求する青少年・学生・一般民衆の根本的な疑問や興味は、けっして十分に答えられ、解きほぐされ、手引きされることがありません。万人の内奥から発した真正の教養への芽ばえが、こうして放置され、むなしく滅びさる運命にゆだねられているのです。

このことは、中・高校だけで教育をおわる人々の成長をはばんでいるだけでなく、大学に進んだり、インテリと目されたりする人々の精神力の健康さえもむしばみ、わが国の文化の実質をまことに脆弱なものにしています。単なる博識以上の根強い思索力・判断力、および確かな技術にささえられた教養を必要とする日本の将来にとって、これは真剣に憂慮されなければならない事態であるといわなければなりません。

わたしたちの「講談社現代新書」は、この事態の克服を意図して計画されたものです。これによってわたしたちは、講壇からの天下りでもなく、単なる解説書でもない、もっぱら万人の魂に生ずる初発的かつ根本的な問題をとらえ、掘り起こし、手引きし、しかも最新の知識への展望を万人に確立させる書物を、新しく世の中に送り出したいと念願しています。

わたしたちは、創業以来民衆を対象とする啓蒙の仕事に専心してきた講談社にとって、これこそもっともふさわしい課題であり、伝統ある出版社としての義務でもあると考えているのです。

一九六四年四月　野間省一

日本史Ⅰ

日本史Ⅱ

2319 昭和陸軍全史3——川田稔
2328 タモリと戦後ニッポン 近藤正高
2330 弥生時代の歴史——藤尾慎一郎
2343 天下統一——黒嶋敏
2351 戦国の陣形——乃至政彦
2376 昭和の戦争——井上寿一
2380 刀の日本史——加来耕三
2382 田中角栄——服部龍二
2394 井伊直虎——夏目琢史
2398 日米開戦と情報戦——森山優
2401 愛と狂瀾のメリークリスマス 堀井憲一郎
2402 ジャニーズと日本——矢野利裕

2405 織田信長の城——加藤理文
2414 海の向こうから見た倭国 高田貫太
2417 ビートたけしと北野武 近藤正高
2428 戦争の日本古代史——倉本一宏
2438 飛行機の戦争 1914-1945——一ノ瀬俊也
2449 天皇家のお葬式——大角修
2451 不死身の特攻兵——鴻上尚史
2453 戦争調査会——井上寿一
2454 縄文の思想——瀬川拓郎
2460 自民党秘史——岡崎守恭
2462 王政復古——久住真也